Constantin Schreiber

LASST UNS OFFEN REDEN!

Warum die Demokratie furchtlose Debatten braucht

HOFFMANN UND CAMPE

www.hoffmann-und-campe.de
Umschlaggestaltung: © wilhelm typo grafisch, zürich
Satz: Dörlemann Satz, Lemförde
Gesetzt aus der Minion
Druck und Bindung: GGP Media GmbH, Pößneck
Printed in Germany
ISBN 978-3-455-01810-3

HOFFMANN UND CAMPE

Ein Unternehmen der
GANSKE VERLAGSGRUPPE

Inhalt

Nur eine Torte?
Eine Einleitung

Diese lächerliche Tortenaktion! Für mich war und ist sie eigentlich nicht der Rede wert. Weder hat sie mich besonders aus der Ruhe gebracht, noch möchte ich diese paar armen Tortenwerfer über Gebühr mit Aufmerksamkeit belohnen. Aber es hat nun mal hohe Wellen geschlagen, als ein paar linksextreme Aktivisten an der Uni Jena im August 2023 während einer Lesung aus meinem Buch *Glück im Unglück* erst »Keine Bühne für Rassisten!« skandierten und mir dann einer von ihnen eine Torte ins Gesicht klatschte.

Wie kamen sie dazu? Offenbar haben sie zwei Dinge gründlich missverstanden. Erstens fielen sie auf ein paar wenige diffamierende Artikel über meinen Roman *Die Kandidatin* herein. Ein fiktives Werk wohlgemerkt, das folgendes Szenario für Deutschland um 2050 entwirft: Sabah Hussein, Muslimin, stellt sich für das Amt der Bundeskanzlerin zur Wahl, während die Gesellschaft auseinanderbricht und sich rechte und linke Anhänger noch unerbittlicher gegenüberstehen als heute. Mir ging es darum, zu zeigen, was passieren kann, wenn die Extreme immer stärker und die Gräben immer tiefer werden. Das hat mit Rassismus natürlich nichts zu tun, auch wenn Rezensenten den Roman etwa als »Hetzschrift«

bezeichneten, die vor Ressentiments strotze, und mir Islamfeindlichkeit vorwarfen.

Zweitens fühlten die Tortenwerfer sich offenbar berechtigt, nicht etwa das Gespräch zu suchen, sondern zu stören und physisch übergriffig zu werden.

Ja, es war nur eine Torte. Der Schock war rasch überwunden, und der Schaden hielt sich in Grenzen. Ein Kollege präzisierte die Aussage später trotzdem: Zum Glück war es nur eine Torte. Und damit hatte er natürlich recht. Derartige Übergriffe können auch ganz anders ausgehen.

Am 18. Februar 2023 stellte sich der damalige Ballettdirektor der Staatsoper Hannover Marco Goecke im Foyer des Opernhauses der *FAZ*-Kritikerin Wiebke Hüster in den Weg und beschmierte ihr Gesicht mit Hundekot. Goecke warf der Journalistin vor, immer »schlimme, persönliche« Kritiken zu schreiben. Später entschuldigte er sich für die Attacke, ein Verfahren wurde gegen eine Geldauflage eingestellt. Nachdem sein Vertrag zwischenzeitlich aufgelöst wurde, konnte er im April 2024 an seine alte Wirkungsstätte zurückkehren.

Während der Tortenwurf oder die Hundekotattacke kein Angriff auf das Leben darstellten, so tat dies die Messerattacke eines Fanatikers, bei der Salman Rushdie im August 2022 nicht nur sein rechtes Auge verlor und zahlreiche lebensgefährliche Verletzungen erlitt, sondern zurückgeworfen wurde in ein Leben voller Angst, das 1989 mit der von Ayatollah Khomeini ausgesprochenen Fatwa und dem ausgesetzten Millionenkopfgeld begonnen hatte. Damals wurde dem Schriftsteller vorgeworfen, er habe in seinem Roman *Die satanischen Verse* Gotteslästerung betrieben.

Insofern: Ja! Eine Torte ist nicht das Schlimmste, was einem passieren kann. Aber sie stellt dennoch einen Angriff dar. Und auch wenn die Aufmerksamkeit nach dem Vorfall bald wieder abgeklungen war, ist das Thema für mich insofern nicht erledigt, als dass sich sehr viele Menschen bei mir meldeten. Sei es, weil sie ähnliche übergriffige Erfahrungen gemacht haben. Sei es, weil sie mit Schrecken feststellen, welcher Umgangston in Debatten, Talkshows und sozialen Netzwerken herrscht, wie unvereinbar die Positionen sind, sobald es um kontroverse Themen geht, wie selten das offene Gespräch gesucht wird.

Und die Polarisierung, die Unerbittlichkeit hat sich in den vergangenen Monaten noch einmal zugespitzt – in der Debatte und in den Protesten nach dem Massaker der Hamas in Israel vom 7. Oktober 2023 und dem folgenden Militäreinsatz Israels in Gaza findet kaum mehr Verständigung statt. Die Gräben scheinen unüberwindbar, und nicht wenige – auch ich – fragen sich, wie hier wieder gegenseitige Akzeptanz und Verständnis füreinander geschaffen werden können. Der immer mehr aufgeheizte Meinungskosmos – er beschäftigt offenbar viele Menschen in unserem Land.

Für mich mich war die Stimmungslage Anlass, dieses Buch zu schreiben. Deutschland steht vor großen Herausforderungen und Fragen, die dringend zukunftsweisender Antworten bedürfen: die Kriege in der Ukraine und in Nahost, die Klimakrise, die anhaltenden

Migrationsbewegungen, ein Europa, das nach rechts rückt. Der öffentliche Diskurs wird jedoch immer stärker von einem Schwarz-Weiß-Denken bestimmt, von Freund-Feind-Schubladen, die jegliche Verständigung zunichtemachen. Die Menschen sind zunehmend unfähig, Gespräche zu führen und Meinungen, die nicht der eigenen entsprechen, auszuhalten und zu tolerieren. Stattdessen werden Andersdenkende beschimpft und bedroht, nicht selten sogar angegriffen. Leider trifft das inzwischen insbesondere auch auf Journalisten zu.

»Reporter ohne Grenzen« zählte im Jahr 2022 103 Angriffe auf Journalistinnen und Journalisten bei Demonstrationen – so viele wie noch nie. Und es trifft nicht nur Vertreter des geschriebenen Wortes. Im Frühjahr 2024 gab es eine Reihe von erschreckenden Angriffen auf Politiker und Politikerinnen: In Dresden wurde der SPD-Europapolitiker Matthias Ecke krankenhausreif geschlagen, SPD-Politikerin Franziska Giffey in einer Bibliothek attackiert, Wirtschaftsminister Robert Habeck von aufgebrachten Landwirten bedroht.

Ist es ratsamer, im öffentlichen Raum besser nichts zu potenziell brisanten Themen zu sagen? Manche Meinung oder Wortmeldung führt direkt in einen Shitstorm. Und selbst wer simple Fakten äußert, gerät heute schnell in den Verdacht, die falsche Meinung zu haben – und wird mitunter aggressiv angegriffen.

Es gab eine Reaktion auf die Jenaer Tortengeschichte, die ich an dieser Stelle hervorheben möchte – und die mich darin bestärkt hat, dieses Buch zu schreiben. Ich sprach mit einer Journalistin über den Vorfall an der

Universität, und sie sagte mir kühl ins Gesicht: »Du hast es doch drauf angelegt!«

Auf meine verblüffte Nachfrage, wieso, entgegnete sie: »Na, mit deinen Büchern.« Die sie wohl – so klang es für mich im weiteren Verlauf des Gesprächs – gar nicht gelesen hatte.

Anders als die Torte und die Anfeindungen, die mir Menschen wegen meiner Bücher entgegenbrachten, hallte dieses Gespräch noch lange in mir nach. Die Kollegin hat Meinungsfreiheit offenbar nicht verstanden. Denn selbst wenn ich »es« drauf angelegt hätte – genau das ist Meinungsfreiheit! Und deswegen müssen wir dringend einen neuen Konsens finden, was und wie wir diskutieren, wie wir miteinander reden.

Ursprünglich hatten wir als Titel für dieses Buch die Variante »Was darf ich noch sagen?« überlegt. Doch einerseits polarisierte der Titel zu sehr. Wir befürchteten, dass er einen Sprech, einen Generalverdacht rechter und rechtsextremer Kreise übernehme. Andererseits wäre der Titel letztendlich doch zu eng gefasst. Denn es geht mir nicht nur um das »Was«, sondern vor allem auch um das »Wie«. Wie kommen wir wieder ins Gespräch? Der positive, inklusive Aufruf »Lasst uns offen reden!« trifft es da wesentlich besser.

Dass wir offen miteinander diskutieren, streiten, debattieren – daran hat die überwiegende Mehrheit der Menschen in unserem Land ein Interesse. Das ist es, was wir wollen. Und das ist es, wo wir wieder hinmüssen. Die Krisen unserer Zeit bewältigen wir nur dann, wenn wir uns trauen, uns gegenseitig wieder mehr zu sagen.

I
Die Macht der Worte

Worte haben eine unglaubliche Macht. Sie können motivieren, sie können uns bewegen, sie können Trost spenden oder uns zum Lachen bringen. Ich denke an das sinnlich-poetische »Und jedem Anfang wohnt ein Zauber inne«, die Zeile aus Hermann Hesses berühmtem Gedicht *Stufen*. Oder an Loriots Sketch, in dem an einem fiktiven Institut für modernes Jodeln ein Jodeldiplom erworben werden kann, etwa bei korrekter Aussprache dieses Jodlers: »Holleri du dödl di, diri diri dudl dö!«. Aber auch ein einfaches Kommando wie »Auf die Plätze, fertig, los!« kann Menschen entweder selbst zu Höchstleistungen animieren oder bei Betrachtung eines Wettkampfs Spannung erfahrbar machen.

Manche Worte überdauern Jahre und Jahrzehnte und büßen dennoch nichts von ihrer Kraft ein. Sie rufen in uns unmittelbar eindeutige Assoziationen und Bilder hervor. Beispielsweise Martin Luther Kings »I have a dream« oder John F. Kennedys »Ich bin ein Berliner«. Dann die *Bild*-Schlagzeile »Wir sind Papst«, als Joseph Kardinal Ratzinger im April 2005 zum Papst gewählt wurde. Oder der vielleicht bekannteste unvollständige Satz in der deutschen Geschichte, mit dem der damalige Außenminister Hans-Dietrich Genscher in der Prager

Botschaft die Wiedervereinigung einleitete: »Wir sind heute hierher gekommen, um Ihnen mitzuteilen, dass Ihre Ausreise ...« – der Rest ging im Jubel der Menschen unter.

Manchmal, vor allem in letzter Zeit, werden im öffentlichen Raum aber auch Worte geäußert, die aufregen, die uns sofort triggern, die herausfordern. Weil sie Dinge zur Sprache bringen, die wir für falsch halten. Die uns nicht gefallen. Die aus unserer Sicht vielleicht sogar bedrohlich oder verletzend sind. Zum Beispiel: »Es gibt mehr als zwei Geschlechter.« – »Wärmepumpe« – »Woher kommst du?« – »Refugees welcome!« – »Klimakrise.« – »From the river to the sea!«

Manche Menschen regen sich so sehr über diese Worte und Aussprüche auf, dass sie beschließen, etwas dagegen zu tun. Es geht ihnen aber oftmals nicht darum, sachlich zu argumentieren und den eigenen Standpunkt zu vertreten, sondern vielmehr darum, die jeweilige Aussage zu unterbinden, zu verteufeln, und das in möglichst heftigen Worten. Sie fühlen sich von den Worten persönlich so herausgefordert, dass sie eine beachtliche Energie und Zeit aufbringen, um ihre Aufregung kundzutun und zu agitieren. Zumeist handelt es sich um Privatpersonen, die sich in irgendwelchen Foren tummeln oder sich in unflätiger Weise direkt an Journalisten wenden. Die ZDF-Fernsehmoderatorin Dunja Hayali etwa bekam diese Zuschauerzuschrift:

> »Schon wieder die Türkenschlampe Dunja Hayali, die sich über Deutsche auslässt, was ihr absolut

> nicht zusteht. Diese Tusse sollte mal in der Türkei die Fresse in der Art, wie sie sich in Deutschland äußert, aufmachen, dann würde sie sehr schnell von der Bildfläche verschwinden. Wahrscheinlich Kopfschuss oder gesteinigt oder den stillen Tod der Klinge. Und ihr Arschficker im ZDF lasst diese Türkenschlampe eine Sendung moderieren.«

Die Nachricht ist an dieser Stelle noch nicht zu Ende, es geht noch eine Weile im selben Stil weiter. Aber schon nach wenigen Worten werden der Duktus der Nachricht und die Absicht des Absenders deutlich.

Ich selbst bekam nach dem Start meiner für n-tv produzierten Gesprächsreihe *Marhaba – Ankommen in Deutschland* – kurze Clips, die sich auf Deutsch und Arabisch an Geflüchtete richteten – folgende Zuschrift: »Ich werde dich finden und zersägen!« Später, nach der Veröffentlichung meines Buches *Inside Islam*, schrieb mir ein Arzt: »Ich hoffe, du bekommst Krebs!«

Das folgende Beispiel liegt zwar schon einige Jahre zurück, veranschaulicht aber gut, wie unbedarft und rücksichtslos manche Menschen ihre Aufregung kundtun, ohne einen sachlichen Austausch in Erwägung zu ziehen, ohne über mögliche Folgen nachzudenken. Online legen sie eine Ausdrucksweise an den Tag, die sie im »echten« Leben wohl kaum benutzen würden.

Nachdem die jeweiligen Folgen von *Marhaba* online gingen, schrieb mir eine Frau mit Klarnamen immer wieder fürchterliche menschenverachtende, rassistische Direktnachrichten bei Facebook. Einiges Tages machte ich von einer der Nachrichten einen Screenshot und postete diesen für alle sichtbar auf meiner Seite. Wenig später schrieb mir die Frau, dieses Mal allerdings in einem gänzlich anderen Ton. »Lieber Herr Schreiber«, lautete nun die Anrede. Ob ich den Post bitte löschen könne, sie arbeite in einem größeren Unternehmen und fürchte, es könne berufliche Konsequenzen haben, wenn ihre Arbeitgeber auf die Äußerungen aufmerksam würden.

Es sind jedoch nicht nur anonyme Personen beziehungsweise solche, die nicht in der Öffentlichkeit stehen, die ihre Aufregung auf beleidigende Art und Weise formulieren. Der freie Journalist Fabian Goldmann verkündete vor einigen Jahren bei X, damals twitter, ich sei zum »islamophoben Arschloch« mutiert – was wiederum Anfeindungen und Drohungen von Dritten nach sich zog.

Manche Menschen belassen es aber nicht bei Online-Äußerungen. Sie gehen im »echten« Leben andere für ihre Meinung, ihre Haltung an, attackieren sie für das, was sie sagen oder wofür sie stehen. Im Februar 2024 etwa wurde Dunja Hayali in der Dortmunder U-Bahn rassistisch beleidigt. Eine Gruppe junger Mädchen schleuderte ihr entgegen: »Deutschland den Deutschen, Ausländer raus!«

Neu ist das Phänomen freilich nicht, dass einzelne Personen übergriffig werden, jemanden auch physisch attackieren, aufgrund seines Geschlechts, seiner sexuellen Orientierung, seiner Nationalität, seiner Hautfarbe, seiner politischen Einstellung oder seiner religiösen

Überzeugung. Gerade Politiker waren bei öffentlichen Auftritten schon immer Angriffen ausgesetzt, die von einfachen Ohrfeigen (die Nazi-Jägerin Beate Klarsfeld verabreichte eine solche 1968 Bundeskanzler Kurt Georg Kiesinger) über Eierwürfe (etwa auf Helmut Kohl) und Farbbeutelattacken (auf Joschka Fischer auf einem Parteitag der Grünen, verübt von einem Linksautonomen aus Protest gegen die deutsche Beteiligung am Jugoslawienkrieg) bis hin zu lebensgefährlichen Attentaten mit Waffen (Oskar Lafontaine, Wolfgang Schäuble) reichten. Doch während es sich bei dieser Aufzählung um einzelne Beispiele handelt, die über mehrere Jahre verteilt sind, so scheinen sich die Übergriffe in den vergangenen Jahren zu häufen.

Im Journalismus hat sich das Bild recht deutlich gewandelt, von einer fast schon ehrfürchtigen Haltung gegenüber Journalisten und TV-Gesichtern hin zur Verachtung gegenüber Vertretern einer vermeintlichen »Lügenpresse«, die dem System, »denen da oben« nur das Wort reden. Die ehemalige *tagesschau*-Sprecherin Dagmar Berghoff erzählte mir von den vielen bewundernden Zuschriften, die sie früher erhielt. Sie habe darin so gut wie nie etwas Kritisches oder gar Böses lesen müssen. Ich selbst erinnere mich an das Staunen, das Interesse, die höflichen Fragen der Menschen, wenn ich, zu Beginn meiner journalistischen Laufbahn, mit einem Kamerateam in einer Stadt unterwegs war. Für die meisten war dieser Kontakt zur TV- und Zeitungswelt aufregend. Das ist heute ganz anders. Die Vorfälle, bei denen Journalisten Attacken erleiden müssen (weil sie für eine bestimmte Meinung oder ganz allgemein für das »System« stehen), werden immer mehr.

Der Weg von der positiven Macht der Worte hin zu einem vergifteten, hasserfüllten Diskurs, der in tätlichen Übergriffen gipfelt, scheint erschreckend kurz. Aber nicht nur die Aktionen von Einzelnen, auch der gemeinschaftliche Protest hat sich verändert. Die Universitäten waren schon immer ein Ort, an dem protestiert wurde. Die 68er-Bewegung hatte ihren Ursprung in der Studentenszene, und auch später gab es immer wieder – meinungsstarke – Demonstrationen, etwa während des zweiten Irakkriegs, als Studenten weltweit gegen die von den USA angeführte Invasion in den Irak protestierten. Doch auch hier, im akademischen Umfeld, hat sich der Ton deutlich geändert, sind die Fronten verhärteter denn je, was sich an den Protesten der Studierenden gegen Israels Armee-Einsatz in Gaza, etwa 2024 an der Berliner Humboldt-Universität, beobachten lässt. Insgesamt kann man konstatieren: Ja, es gab schon immer Studentenproteste, Kritik an Journalisten, Angriffe auf Politiker – aber die Unterbittlichkeit, der Hass, die Verachtung haben zugenommen.

In Deutschland ist die freie Meinungsäußerung durch das Grundgesetz geschützt. Eine Zensur findet nicht statt. Tätliche Übergriffe werden im besten Fall verfolgt und geahndet (bei Beleidigungen ist der Sachverhalt komplexer, wie wir noch sehen werden). Im Vergleich zu anderen Ländern ist der öffentliche Diskurs in Deutschland in die freiheitlich-demokratische Grundordnung eingebettet und die juristische Rahmung desselben recht klar geregelt.

In Ländern wie China, Russland oder Saudi-Arabien hingegen kann es lebensbedrohlich sein, die eigene Meinung zu äußern, ganz gleich ob als Einzelperson oder in Gemeinschaft. Ich denke an Alexej Nawalny, der aufgrund seiner oppositionellen Haltung ins Fadenkreuz des Putin-Regimes geriet und schließlich in einem Gefängnis am Rande der Zivilisation zu Tode kam. Ich denke an Raif Badawi, den saudi-arabischen Blogger, der 2015 öffentlich ausgepeitscht wurde, weil er religionskritische Blogposts geschrieben hatte, danach zehn Jahre inhaftiert wurde und bis heute das Land nicht verlassen darf. Ich denke an all die mutigen Frauen im Iran, die seit dem gewaltsamen Tod von Mahsa Amini (die angeblich gegen das Hidschab-Gesetz verstoßen hatte) immer wieder auf die Straße gehen, mehr Rechte einfordern und dafür unter Verfolgung und Unterdrückung leiden. Ich denke nicht zuletzt an die Menschen in Belarus, Hongkong und in anderen Ländern, die gegen ihre despotischen, demokratiefeindlichen Regierungen demonstrieren und aufgrund ihrer Meinung Repressalien seitens des Machtapparats ausgesetzt sind.

All diese Menschen treten den Bedrohungen ihres Lebens, ihrer Sicherheit, ihrer Freiheit mit der Macht des Wortes entgegen. Dafür gebührt ihnen unser größter Respekt. Es handelt sich um Persönlichkeiten, die in Ländern leben, in denen Reden und Schreiben immer mit Angst einhergeht und der Frage: Was darf ich sagen und was nicht?

Wie glücklich können wir uns schätzen, dass es bei uns anders ist! Und das meine ich zu Beginn dieses Buches ganz aufrichtig! Im Vergleich zu den genannten Ländern erscheinen unsere Debatten in einem anderen Licht.

Aber dennoch: Der öffentliche Diskurs in Deutschland hat sich in den letzten Jahren drastisch verändert. Worte und Meinungsäußerungen polarisieren so sehr, dass sie – auch in einer westlichen Demokratie – nicht ohne Folgen bleiben. Cancel culture, Tortenwürfe, Pfiffe sind neuartige Erscheinungen, die uns und unsere Debattenkultur herausfordern. Und häufig geht es um wiederkehrende Themen.

Zum Beispiel sexuelle Identität und Geschlecht: Die *Harry-Potter*-Autorin J. K. Rowling schrieb 2020 bei X, vormals twitter: »If sex isn't real, the lived reality of women globally is erased.« (»Wenn es so etwas wie ein Geschlecht nicht gibt, wird damit die gelebte Realität von Frauen weltweit ausgelöscht.«) Der Satz löste einen Shitstorm aus. In einem Artikel der *Zeit* hieß es: »Sie meint, biologische Geschlechterdifferenzen seien klar definiert. Stimmt nicht.« Dass die Natur Menschen in Männer und Frauen eingeteilt hätte, sei bloß eine »populäre Idee«.

Als die Biologie-Doktorandin Marie-Luise Vollbrecht im Rahmen der »Langen Nacht der Wissenschaften« an der Humboldt-Universität in Berlin einen Vortrag zur Zweigeschlechtlichkeit halten wollte – der genaue Titel lautete: »Geschlecht ist nicht (Ge)schlecht: Sex, Gender und warum es in der Biologie zwei Geschlechter gibt« –, gab es heftige Proteste; die Aussage des Vortrags sei nicht nur unwissenschaftlich, sondern auch menschenverachtend und queer- und transfeindlich. Die Uni sagte den Vortrag schließlich ab.

Ein anderes Thema, bei dem der öffentliche Diskurs immer wieder ins Unsachliche kippt, ist der Klimawandel: »Wir planen, wie man eine Pipeline in die Luft jagen könnte«, sagte Umweltaktivistin Luisa Neubauer im Juni 2022 auf dem »Copenhagen Democracy Summit«. Eigentlich als Witzelei zu einer geplanten Ölpipeline zwischen Tansania und Uganda gemeint, löste das Video des Auftritts einen Shitstorm aus. Wütende Kritiker warfen ihr das Propagieren von »Ökoterrorismus und Bombenattentaten« vor. Dabei hatte sie das gar nicht im Sinn, so Neubauer, es ging ihr nur darum, auf den hohen CO2-Ausstoß des Projekts aufmerksam zu machen und den Bau der Pipeline zu verhindern.

Ein weiteres Beispiel ist der Ukrainekrieg: Alice Schwarzer und Sahra Wagenknecht verfassten im Februar 2023, 352 Tage nach Beginn des russischen Angriffskrieges gegen die Ukraine, ein »Manifest für den Frieden«, in dem sie fordern: »Verhandeln heißt nicht kapitulieren. Verhandeln heißt, Kompromisse machen, auf beiden Seiten. Mit dem Ziel, weitere Hunderttausende Tote und Schlimmeres zu verhindern.« Unterzeichnet wurde das Manifest von zahlreichen Prominenten. Im Netz wurden die beiden Initiatorinnen als »Putins fünfte Kolonne« bezeichnet, der *Spiegel* wählte sie zu den »Verliererinnen des Tages«, in der *taz* hieß es, sie hätten sich als amoralisch entblößt.

Und nein: Aus der Auswahl der Themen oder Personen in der obigen Aufzählung – eigentlich schlimm, dass ich es an dieser Stelle für notwendig erachte, das zu schreiben – lässt sich nicht rückschließen auf meine persönlichen Sichtweisen! Die ist, das lege ich beispielhaft einmal offen, in Sachen Ukraine eine gänzlich andere als die von Wagenknecht und Schwarzer. Und dennoch: Solche Äußerungen, auch zu den anderen Themen, müssen doch erlaubt sein, ohne dass man versucht, die Absender zu diskreditieren. Kontern ja! Aber mit Argumenten und ohne Schaum vor dem Mund!

Wenn abweichende Perspektiven, andere Meinungen, zugespitzte Aussagen nicht gekontert werden mit einem »Ich sehe das anders, weil«, sondern mit Beschimpfungen und handfesten Bedrohungen – ganz gleich ob im virtuellen Raum oder im realen Leben –, dann hat das natürlich Folgen für die Absender. »Diese permanente Bedrohungslage, die Morddrohungen, das Stalking, die Vergewaltigungsphantasien in Postfächern, das möchte ich nicht als Normalität in meinem Leben akzeptieren«, sagte Luisa Neubauer im Februar 2024 in einem Interview mit dem *Tagesspiegel*.

Der raue Ton im öffentlichen Diskurs verändert unser Leben ganz beträchtlich, gerade bei brisanten, kontroversen Themen. Dabei wäre es doch eigentlich ganz simpel: Die freie Äußerung der Meinung ist durch das Grundgesetz geschützt, und der gegenseitige Austausch richtet sich nach Maßstäben des gesunden Menschenverstands, der Political Correctness, des guten Geschmacks. Aber ist es so einfach, eindeutige Grenzen zu ziehen?

Wie wir gleich sehen werden, ist es schon schwierig, zwischen Meinung und wahrer Tatsachenbehauptung zu unterscheiden. Noch schwieriger dürfte es sein, klar zu bestimmen, wo Meinung endet und Fake News und Verschwörungstheorie beginnen.

2
Meinung oder nicht?

»Die Erde ist eine Scheibe.«

»Den Klimawandel gibt es nicht.«

»Es gibt mehr als zwei Geschlechter.«

»Es kommen zu viele Flüchtlinge nach Deutschland.«

»Israel ist ein Apartheidstaat.«

Sind das vertretbare Meinungen, die man äußern darf? Ist es in Ordnung, so etwas zu sagen oder zu schreiben? Sind solche Äußerungen von der Meinungsfreiheit gedeckt? Oder verstoßen sie gegen geltendes Recht, den gesunden Menschenverstand (den *Common Sense*), die Political Correctness, den guten Geschmack und sollten deshalb unterbunden werden?

Meinungsfreiheit – wohl die allermeisten Menschen befürworten sie und würden auf die Frage, wie sie dazu stehen, antworten: Ja, die ist wichtig! Die ist Bestandteil einer Demokratie. Es gibt wahrscheinlich nur wenige Menschen, die die Meinungsfreiheit ablehnen und stattdessen antworten würden: Nein, darauf könnte ich verzichten. Oder: Wo kämen wir denn da hin, wenn jeder sagen würde, was er denkt?

Auch von institutioneller Seite wird die Meinungsfreiheit befürwortet, ganz gleich ob es sich um das Staatsoberhaupt der Bundesrepublik Deutschland, den Bundespräsidenten, handelt, um religiöse Institutionen wie die Evangelische Kirche, den Zentralrat der Juden in Deutschland oder den islamischen Dachverband DITIB, um Menschenrechtsorganisationen wie Amnesty International, um die Rundfunkanstalten oder die Parteien. Selbst an den politischen Rändern betont man, wie wichtig dieses Gut ist. So findet man auch auf der Website der AfD die Rubrik »Für Meinungsfreiheit und offene Debattenkultur«.

Diese kurze Auflistung erhebt natürlich keinen Anspruch auf Vollständigkeit. Vielmehr soll sie zeigen, wie breit verankert der Gedanke ist, dass die Meinungsfreiheit als essentielles Grundrecht unserer Gesellschaft gelebt werden darf und gefördert werden sollte. Die Grenze jedoch, bis wohin eine Aussage eine freie Meinungsäußerung ist und ab wann sie zur Beleidigung, Hetze oder falschen Tatsachenbehauptung (Fake News) wird, ist nicht einfach zu ziehen – was den Umgang mit Äußerungen wie den oben genannten schwierig macht.

Schauen wir uns einmal das erste Beispiel an: »Die Erde ist eine Scheibe.« Nein, ist sie nicht. Die Aussage ist nachprüfbar nicht korrekt, weshalb es sich nicht um eine Meinung handelt, sondern um eine falsche Tatsachenbehauptung. Eindeutig Fake News.

Und trotzdem gibt es Menschen – Vertreter der sogenannten »Flat-Earth-Theorie«, auch »Flacherdler« genannt –, die behaupten, die Erde sei eben genau das, eine Scheibe. Hinter dem elementaren Wissen, dass die Erde eine Kugel ist, stecke eine groß angelegte Inszenierung (ähnlich wie in dem Film *The Truman Show* aus dem Jahr 1998). Eine Weltelite bezahle unzählige Schauspieler, Wissenschaftler und Politiker, um die Illusion aufrechtzuerhalten, die Erde sei rund. Schulen, Universitäten, die NASA und viele andere würden für diese Inszenierung Bilder aus dem Weltall faken. Auch die Mondlandung habe nach Ansicht der »Flacherdler« nicht stattgefunden, die legendären Bilder seien in einem Filmstudio aufgenommen worden. Wer nun denkt, das ist so irre, das kann kein vernünftiger Mensch wirklich glauben, der liegt falsch. Nach einer Umfrage aus dem Jahr 2018 ist sich jeder sechste US-Einwohner unsicher darüber, ob die Erde wirklich rund ist.

Erst vor Kurzem berichtete mir eine Kollegin von der Begegnung mit einem Anhänger der Flat-Earth-Theorie und wie er sie bedrängt habe mit seiner Theorie. »Woher weißt du, dass die Erde rund ist?«, fragte er. Auf die Antwort meiner Kollegin, dass es Satellitenaufnahmen aus dem Weltraum gebe, fragte er nur: »Warst du selbst dort oben und hast es gesehen?« Er war überzeugt davon, dass die flache Erde von einer Art Eisring umzogen wird, sodass das Wasser an den Rändern nicht abfließt. Der Antarktis-Vertrag aus dem Jahr 1959, nach dem der eisige Kontinent zu einem Forschungsgebiet erklärt wurde, würde das beweisen, denn dadurch versuchten die Eliten die Menschen davon abzuhalten, zum Rand der Erde zu reisen und die Wahrheit zu erkennen.

Schwieriger wird es bei Äußerungen, bei denen es kein »richtig« oder »falsch« gibt, sondern im Grunde mehrere Wahrheiten, wie bei der oben genannten Aussage: »Es gibt mehr als zwei Geschlechter.« Hier kommt es darauf an, von welcher Warte aus man spricht, ob es um eine naturwissenschaftliche oder um eine sozialwissenschaftliche Perspektive geht.

Naturwissenschaftlich scheint die Binarität der Geschlechter eindeutig: Der menschliche Organismus besitzt zwei Arten von Geschlechtschromosomen, das X- und das Y-Chromosom, und aus der Verteilung ergibt sich, ob eine Person männlich oder weiblich ist. Eine Frau besitzt in ihren Körperzellen neben den in beiden Geschlechtern gleichen 44 Chromosomen (den sogenannten Autosomen) zwei X-Chromosomen, ein Mann ein X- und ein Y-Chromosom.

Die Biochemikerin und Nobelpreisträgerin Christiane Nüsslein-Volhard sagte in einem Interview mit *Emma* im August 2022:

> »Bei allen Säugetieren gibt es zwei Geschlechter, und der Mensch ist ein Säugetier. Da gibt es das eine Geschlecht, das die Eier produziert, zwei X-Chromosomen hat. Das nennt man weiblich. Und es gibt das andere, das die Spermien produziert, ein X- und ein Y-Chromosom hat. Das nennt man männlich. Und wenn sich ein Ei mit einem Spermium vereinigt, entsteht ein neues Wesen.«

Auch dass es im Tierreich Hermaphroditen gebe, wie etwa die Schnecke, ändere nichts daran, dass es diese beiden Keimzellen gibt, Eier und Spermien, und damit auch zwei Geschlechter. Dasselbe gelte für die Intersexualität. Sie entstehe durch sehr seltene Abweichungen, zum Beispiel beim Chromosomensatz. Aber auch intersexuelle Menschen hätten die Merkmale beider Geschlechter und seien daher kein drittes Geschlecht.

Anders als die Naturwissenschaft verstehen die Gender Studies das Geschlecht als soziales Konstrukt, das eine Vielzahl von Geschlechtsidentitäten zulässt. Auf die Frage, wie viele Geschlechter es gibt, findet sich demnach keine eindeutige Antwort, auch weil manche Menschen sich nicht in die vorhandenen Kategorien einordnen wollen oder können. Es gibt aber Überbegriffe, mit denen Menschen ihre Geschlechtsidentität beschreiben (die sich teilweise ähneln oder überschneiden):

- Nicht-binär: weder (nur) männlich noch (nur) weiblich, sondern zum Beispiel dazwischen, oder ganz anders.
- Genderqueer: bedeutet ähnlich wie nicht-binär, dass ein Mensch weder (nur) weiblich noch (nur) männlich ist.
- Genderfluid: eine fließende und bewegliche Geschlechtsidentität, also zum Beispiel mal eher männlich, mal eher weiblich.
- Bigender: Eine bigender Person hat zwei Geschlechtsidentitäten, die sich abwechseln oder beide gleichzeitig da sein können.
- Demigender: ein Begriff für Menschen, die sich teil-

weise mit einem Geschlecht identifizieren und teilweise mit einem anderen (ein Demigirl versteht sich teilweise als weiblich, teilweise nicht, ein Demiboy identifiziert sich nur teilweise als männlich).

- Agender: Agender Personen fühlen sich gar keinem Geschlecht zugehörig. Sie haben also keine Geschlechtsidentität oder empfinden Geschlecht nicht als relevanten Teil ihrer Identität.
- Neutrois: Neutrois Personen haben eine neutrale Geschlechtsidentität.*

Die Äußerung über die mögliche Anzahl der menschlichen Geschlechter verrät uns also im besten Fall etwas über den Absender. Jemand, der sagt, es gibt nur zwei Geschlechter, hängt der naturwissenschaftlichen Betrachtung an, während jemand, der die Meinung äußert, es gibt mehr als zwei Geschlechter, das Ganze vermutlich aus sozialwissenschaftlicher Perspektive betrachtet. Es handelt sich bei den Äußerungen deshalb nicht um eine Meinung im engeren Sinne – es gibt ja für beides eine Grundlage –, aber zumindest um eine Haltung.

Noch schwieriger wird es, wenn der Aussage gar keine eindeutige (natur-)wissenschaftliche Überprüfbarkeit zugrunde liegt, sondern es auf den Ausschnitt der Wirk-

* Zitiert nach genderdings.de, Dissens – Institut für Bildung und Forschung e. V. Die Website wurde entwickelt im Rahmen des Projekts »Social Media Interventions!«, gefördert vom Bundesministerium für Familie, Senioren, Frauen und Jugend im Rahmen des Bundesprogramms »Demokratie leben!«.

lichkeit ankommt, den man für seine Aussage wählt. Etwa beim Thema Zuwanderung und der Aussage: »Es kommen zu viele Flüchtlinge nach Deutschland.«

Tatsachenbehauptung oder Meinung? Wenn der Landrat einer Gemeinde sagt: »Es kommen zu viele Flüchtlinge«, verbunden mit der Warnung, bald könne man keine Menschen mehr würdig unterbringen, scheint eine faktische, überprüfbare Ebene vorzuliegen. Wenn in der Gemeinde 1000 Betten vorhanden sind, es kommen aber 1001 Flüchtlinge, dann sind es insgesamt zu viele. Es scheint sich also zunächst um eine Tatsachenbehauptung zu handeln (die im flüchtlingskritischen Meinungsspektrum angesiedelt ist). Wenn in der Gemeinde aber 1500 Betten für Flüchtlinge vorhanden sind, dann ist die Aussage objektiv falsch und der Landrat hat unrecht. Er hätte aber natürlich dennoch das Recht, die Äußerung als seine persönliche Meinung kundzutun, auch wenn man ihm dann nicht nur eine kritische Haltung, sondern sogar eine flüchtlingsfeindliche Haltung unterstellen könnte.

Der Flüchtlingshelfer in der Gemeinde wiederum könnte zu der Aufnahmeproblematik sagen: Wir machen einfach Schulden und kaufen noch 1000 Betten dazu, auch der Platz dafür wird sich finden, dann sind es nicht mehr zu viele. Man müsse nur wollen und die entsprechenden Prioritäten setzen. So wird auch diese faktische Betrachtung (die im Meinungsspektrum auf der anderen Seite angesiedelt ist) zu einer relativen, die den Blick freigibt auf die jeweilige Perspektive. Die Aussage wird zu einer These, die letztlich auch meinungsbasiert ist.

Ähnlich verhält es sich mit der letzten Äußerung aus der Auflistung zu Beginn des Kapitels: »Israel ist ein Apartheidstaat.« Mit Apartheid – das afrikaanse Wort bedeutet so viel wie »Getrenntheit« – wird das System der Rassentrennung in Südafrika im 20. Jahrhundert bezeichnet. Berufswahl, Bildung und Gesundheitsversorgung, die Wahl des Wohnorts und zahlreiche weitere Grundrechte und Privilegien waren darin gekoppelt an die Zugehörigkeit zu einer der drei anerkannten »Rassen«: Weiße, Schwarze und Farbige.

Die Aussage »Israel ist ein Apartheidstaat« zieht eine Parallele dahingehend, dass Palästinenser in Israel nicht die gleichen Rechte haben wie Juden und mit staatlicher Legitimation benachteiligt werden in einer Weise, die mit der Apartheid Südafrikas vergleichbar ist.

Israel weist in seinen demographischen Erhebungen keine Kategorie »Palästinenser« aus, die Menschen werden stattdessen unter »Araber« subsumiert. Laut dem Israel Central Bureau of Statistics leben etwa zwei Millionen Araber in Israel, die circa zwanzig Prozent der Gesamtbevölkerung ausmachen. Die Zählung gilt jedoch nur für das eigentliche israelische Staatsgebiet. Denn auch wenn es bis heute keinen staatlich anerkannten Staat Palästina gibt und die sogenannten Palästinensischen Autonomiegebiete – der Gazastreifen und vierzig Prozent des Westjordanlandes – auf der Weltkarte schraffiert sind und Israel zugehörig erscheinen, werden sie für die demographischen Erhebungen ausgeklammert.

Zugang zu Bildung, zu Gesundheitsversorgung, gesellschaftliche und politische Teilhabe – in all diesen Bereichen sind arabische Israelis den jüdischen zumindest rechtlich gleichgestellt. Das schließt natürlich nicht aus, dass arabische Israelis Diskriminierung erfahren. Aber anhand dieser Sachlage wäre es schwierig, eine Parallele zum südafrikanischen Apartheidsystem zu ziehen.

Etwas anders könnte es aussehen, wenn man die Palästinensischen Autonomiegebiete in die Betrachtung miteinbezieht. Sie sind wie oben bereits angedeutet nicht Teile des israelischen Staatsgebiets. In Südafrika wurden sogenannte »Homelands« geschaffen, in denen ausschließlich Schwarze unter besonders benachteiligten Bedingungen lebten. Die Homelands wurden vom südafrikanischen Apartheidsregime als unabhängige Gebiete betrachtet, die nicht zum eigentlichen Staatsgebiet gehörten (was international nie anerkannt wurde). Betrachtet man Gaza und das Westjordanland analog zu den südafrikanischen Homelands während der Apartheid, könnte das eine Begründung für den Satz »Israel ist ein Apartheidstaat« sein.

Auch hier sagt die Äußerung also erst einmal nichts über Richtig oder Falsch aus, sondern über die Perspektive, die man sich zu eigen macht. Diese Perspektive kann aber rasch eine israelkritische Wirkung entfalten – beziehungsweise kann man dem Absender leichthin eine israelkritische bis israelfeindliche Haltung unterstellen –, wenn man die Äußerung nicht faktisch unterlegt (beispielsweise durch den Homelands-Vergleich), sondern sie pauschal äußert, ohne Kenntnisse der tatsächlichen Gegebenheiten.

Wir sehen also, wie kompliziert es in vielen Fällen ist, zwischen Tatsachenbehauptung und Meinung eine eindeutige Grenze zu ziehen. Und auch wenn grundsätzlich wohl alle zustimmen würden, dass man seine Meinung sagen können muss: Wo hört Meinung auf und wo fangen Beleidigung, Hetze und Hass – die wohl von den allermeisten Menschen abgelehnt werden – an? Macht es das Recht einfacher, zu unterscheiden? Und bietet es den bereits erwähnten Rahmen für einen konstruktiven öffentlichen Austausch?

3
Darf man das?

Welche Meinungsäußerungen sind durch das Grundgesetz geschützt, was ist verboten und vor allem: *Wer* zieht die Grenze? Ich stelle mir zudem nicht nur die Frage, ob man bestimmte Sätze nun sagen darf oder nicht, sondern auch was passiert, wenn man gegen die Äußerungen gerichtlich vorgeht? Gibt es ein allgemeingültiges Urteil, das rechtmäßig in Kraft tritt und auch Erfolge in der öffentlichen Debatte nach sich zieht? Das eine eindeutige Aussage über Gewinner und Verlierer zulässt? Das nicht zuletzt vor allem im Netz eine gewisse Durchschlagskraft besitzt?

Im Zuge einzelner Diskussionen um meine journalistische Arbeit stand ich immer wieder vor der Entscheidung, ob ich gegen einzelne, meines Erachtens verleumderische Aussagen vorgehe. Abgesehen von zwei Fällen habe ich mich dagegen entschieden. Die Aufmerksamkeit, die man durch eine Anzeige auf ein Thema beziehungsweise eine Äußerung lenkt, und das oftmals über einen längeren Zeitraum, war für mich aber stets das stärkere Argument, das allermeiste einfach auszuhalten.

Meinungsäußerungen und wahre Tatsachenbehauptungen sind grundrechtlich über die Meinungsfreiheit, Art. 5 Abs. 1 des Grundgesetzes geschützt. Demnach sind alle Meinungen schützenswert, und zwar laut Bundesverfassungsgericht unabhängig davon, ob sie wertvoll oder wertlos, richtig oder falsch, emotional oder rational begründet sind. Ihre Schranken findet die Meinungsfreiheit demnach in den Vorschriften der allgemeinen Gesetze, den gesetzlichen Bestimmungen zum Schutze der Jugend und in dem Recht der persönlichen Ehre. Ebenso verhält es sich mit wahren Tatsachenbehauptungen, Aussagen also, die – wie der Jurist sagt – dem Beweis zugänglich sind.

Das Bundesverfassungsgericht nennt die Meinungsfreiheit »schlechthin konstituierend«, weil erst sie »die ständige geistige Auseinandersetzung« ermöglicht, »den Kampf der Meinungen«, der das »Lebenselement« der Demokratie ist.* Rein juristisch bietet sie also den Rahmen für einen – im Idealfall gelungenen – öffentlichen Diskurs. Die Meinungsfreiheit und die anderen Kommunikationsfreiheiten (freie Rede, Pressefreiheit) sind zudem sogenannte »unbequeme« Grundrechte, die gerade auch dem Schutz andersdenkender Minderheiten dienen, »deren Interessen in den Parlamenten und im ›politischen Mainstream‹ nicht – oder aus der Sicht ihrer Anhänger jedenfalls nicht ausreichend – vertreten sind«.**

* Zitiert nach Mathias Hong, »Meinungsfreiheit und ihre Grenzen«, *ApuZ*, 13. März 2020.

** Zitiert nach Mathias Hong, »Ein unbequemes Grundrecht«, *LTO*, 16. Mai 2019.

Eine Grenze bilden Beleidigungen. Was das ist, regelt der Paragraph 185 des Strafgesetzbuches, den ich hier im Wortlaut anführen möchte:

> Die Beleidigung ist nach § 185 StGB strafbar. Unter einer Beleidigung versteht man gemeinhin einen Angriff auf die Ehre eines anderen durch die Kundgabe eigener Missachtung oder Nichtachtung. Normalerweise zeichnet sich die Beleidigung dadurch aus, dass es um die Kundgabe eines nicht dem Beweis zugänglichen Werturteils (das heißt einer Meinung) gegenüber dem Betroffenen oder Dritten geht. Damit grenzt sie sich von den Delikten der üblen Nachrede (§ 186) und der Verleumdung (§ 187) ab, welche sich auf Tatsachenbehauptungen beziehen.
>
> Nach herrschender Ansicht kann allerdings auch die Äußerung einer Tatsache als Beleidigung nach § 185 StGB strafbar sein, nämlich wenn sie gegenüber dem Beleidigten selbst geäußert wird (»Du hast meine Uhr gestohlen!«). Allerdings muss sie dann erwiesen unwahr sein. Eine wahre Tatsachenbehauptung kann nur ausnahmsweise gemäß § 192 StGB strafbar sein, wenn es sich um eine sogenannte »Formalbeleidigung« handelt, d. h. wenn die behauptete Tatsache wahr ist, sich aber der beleidigende Charakter aus der Form der Äußerung ergibt. Die Beleidigung muss über die Ehrverletzung hinaus nicht zu spürbaren negativen Konsequenzen für den Betroffenen führen.

Eine solche Formalbeleidigung ist beispielsweise die Bezeichnung einer Frau als »Schlampe«. Hier tritt die Freiheit der Meinungsäußerung hinter den Ehrenschutz der Verletzten zurück, »ohne dass es einer Einzelfallabwägung bedarf«, wie das Bayerische Oberlandesgericht im November 2023 urteilte. Strafbare Beleidigungen sind unter anderem auch »Arschloch«, »Trottel«, »Vollidiot«, »Blöde Kuh«, »Hurensohn« und »Lauch« sowie Gesten wie der ausgestreckte Mittelfinger oder das Anspucken eines anderen Menschen.

Dass derlei Fäkal- und Kraftäußerungen keine Meinung darstellen und somit nicht zu einem gelungenen Diskurs beitragen, leuchtet ein. Im Einzelfall können Gerichte jedoch erstaunlich weite Grenzen ziehen. Die Berliner SPD-Politikerin Sawsan Chebli musste zunächst hinnehmen, dass ein Facebook-Nutzer sie »dämliches Stück Hirn-Vakuum« nennen darf – eine Entscheidung, die ich mehr als problematisch fand, denn diese Formulierung wirkt wohl auf die allermeisten von uns ohne Weiteres beleidigend (und im Sinne des Strafgesetzbuches ehrverletzend). Das Oberlandesgericht Heilbronn jedoch wertete die Äußerung als »von der Meinungsfreiheit gedeckt«. Erst Ende 2023 gab das Oberlandesgericht Stuttgart der Politikerin in Berufung recht, bei der Äußerung handle es sich um »Schmähkritik«; nicht die Sache habe bei der Äußerung im Vordergrund gestanden, sondern die Diffamierung Cheblis. Der Rechtsstreit zeigt: Was eigentlich eindeutig erscheint, kann vor Gericht auch anders beurteilt werden.

Ausgehend von dem Strafbestand der Beleidigung stellen sich weitere Fragen: Zum Beispiel – um einen der Aufregersätze von oben aufzugreifen –, ob Misgendern strafbar ist. Ist es erlaubt, jemanden mit dem falschen Geschlecht anzureden? In manchen Ländern wurde der Tatbestand schon vor einiger Zeit gesetzlich geregelt oder gerichtlich verhandelt. So entschied das Menschenrechtstribunal im kanadischen British Columbia: Jemanden bewusst mit den falschen Pronomen anzusprechen verstößt gegen die Menschenrechte.

Der konkrete Fall: Jessie Nelson, 32 Jahre alt und Mitarbeitende in einem Restaurant, identifiziert sich als nicht-binäre, genderfluide, trans* Person. Sie möchte mit they / them angesprochen werden. Laut Tribunalmitglied Devyn Cousineau sprach ihr Vorgesetzter Brian Gobelle sie immer wieder mit you und mit verniedlichenden weiblichen Kosenamen wie »Sweetheart«, »Honey« und »Pinky« an. Obwohl Nelson Gobelle darum bat, das zu unterlassen, habe dieser sich geweigert. Nachdem es deshalb zum Streit kam, folgte die Kündigung durch den Restaurantbetreiber Ryan Kingsberry: Nelson habe »zu schnell zu viel« verlangt und sei zu »militant« gewesen.

Nelson fühlte sich zu Recht diskriminiert und meldete den Vorfall beim Menschenrechtstribunal. Dieses entschied: Das Management muss Nelson 30 000 Dollar zahlen und eine »Pronomen-Richtlinie« entwerfen. Alle Mitarbeiterinnen und Mitarbeiter müssen außerdem eine Weiterbildung zum Thema Diversity, Gleichstellung und Inklusion erhalten. Für Nelson war die Diskriminierung »ein Stück Trauma in einer langen Reihe von Traumata«. Dieser Job sei der erste gewesen, in dem xier – eines der geschlechtsneutralen Personalpronomen – sich sicher genug gefühlt habe, um sich zu outen. »Wir verdienen es, zu leben, und glücklich zu sein, und dafür respektiert zu werden, wer wir sind.« Denn anderen etwas vorzuspielen sei einfach niederschmetternd.*

Auch in Deutschland soll der Fall des Misgenderns künftig eindeutig geregelt werden. Der Gesetzentwurf zur Selbstbestimmung in Bezug auf den Geschlechtseintrag sieht nicht pauschal vor, dass eine Person, die beispielsweise einen Mann in Frauenkleidern als Mann anspricht, ein Bußgeld zahlen muss. Wenn jedoch absichtlich oder fahrlässig die abgelegte Geschlechtsangabe oder der alte Name einer trans* Person verwendet wird, kann die betroffene Person Anzeige erstatten. Es handelt sich dann um eine Ordnungswidrigkeit, die mit Bußgeld geahndet werden kann.

Davon ausgehend könnte man nun fragen, ob es nicht auch strafbar wäre (beziehungsweise eine Form der Beleidigung darstelle), wenn man behauptete, es gäbe nur zwei Geschlechter (zu sagen, es gibt mehr als zwei Geschlechter, ist natürlich zulässig). Unabhängig davon, ob der Satz aus naturwissenschaftlicher oder aus sozialwissenschaftlicher Perspektive geäußert wird: Auch dazu gibt es in Deutschland noch kein Urteil.

Wie verhält es sich mit den sogenannten Fake News und Desinformationen? »Eine allgemeingültige oder juristi-

* Der Fall wird zitiert nach schwulissimo.de, letzter Aufruf am 18. Juni 2024.

sche Definition des Begriffs ›Fake News‹ gibt es derzeit nicht.« In der Verwendung werden darunter »absichtlich falsche Nachrichten« verstanden, die »zum Zweck der viralen Verbreitung über das Internet und die sozialen Netzwerke produziert werden. Ziel solcher Nachrichten ist, die Öffentlichkeit für bestimmte politische und / oder kommerzielle Ziele zu manipulieren.«*

Generell muss wie gesagt unterschieden werden zwischen falscher Tatsachenbehauptung und Meinung, auch was die Strafbarkeit anbelangt. Eine falsche Tatsachenbehauptung ist dann strafbar, wenn eine Person Gegenstand der Behauptung ist. Die Äußerung der abstrusen Flat-Earth-Theorie wäre demnach grundsätzlich nicht strafbar, die Äußerung »Angela Merkel ist ein Reptiloid« – das beliebte Narrativ einer Verschwörungstheorie – könnte es hingegen sein, wenn die Äußerung die Person verächtlich macht und damit gegen deren Persönlichkeitsrechte verstößt. Des Weiteren ist eine falsche Tatsachenbehauptung strafbar, wenn sie den Holocaust leugnet, den Nationalsozialismus verherrlicht oder volksverhetzend ist. Die falsche Tatsachenbehauptung ist zudem von der Hassrede abzugrenzen, die sich »diffamierend gegenüber Minderheitsgruppierungen äußert«.

»Meinungsäußerungen können nicht falsch sein und fallen daher nicht unter den Begriff der Fake News. Nur wenn eine Meinungsäußerung auf falsche Tatsachen gestützt wird, kann die Gesamtnachricht als Fake News

* Hier und im Folgenden zitiert nach »Fake News. Definition und Rechtslage«, Wissenschaftliche Dienste, Deutscher Bundestag.

gelten.« Das heißt, auch juristisch fallen die Äußerungen »Es kommen zu viele Flüchtlinge nach Deutschland«, »Den Klimawandel gibt es nicht« und »Israel ist ein Apartheidstaat« unter die Meinungsfreiheit, da es sich je nach Gesichtspunkt um eine wahre Tatsachenbehauptung handeln kann.

Eine einschlägige Rechtsprechung zu Fake News bestand in Deutschland lange nicht. Es gab nicht einmal den Fall eines richtungsweisenden Gerichtsentscheids. Heiko Maas, der ehemalige Bundesjustizminister, trieb deshalb das sogenannte Netzwerkdurchsetzungsgesetz (NetzDG) voran, das die Verantwortung den Betreibern von Portalen wie Facebook und X die Verantwortung überträgt, gegen Hasskriminalität – dazu zählen auch Beleidigungen und Bedrohungen –, strafbare Falschmeldungen und andere strafbare Inhalte vorzugehen. Mit dem sogenannten Digital Services Act (DSA), der im November 2022 in Kraft trat, justierte die EU die Plattformregulierung neu und machte damit das NetzDG überflüssig. Im Vergleich zum NetzDG hat der DSA einen wesentlich breiteren Anwendungsbereich: Er beschränkt sich nicht auf soziale Netzwerke, sondern knüpft an den breiteren Begriff des Vermittlungsdienstes an; hierzu zählen auch Anbieter von Onlineplattformen (wie App-Stores und Onlinemarktplätze) sowie Host-Provider. Zudem gilt der DSA für alle Anbieter und nicht wie beim NetzDG für Unternehmen ab zwei Millionen aktiven Nutzern.

Bisher gilt grundsätzlich: Die deutsche Gerichtsbarkeit ist sehr restriktiv, wenn es darum geht, etwas als unzulässig zu verbieten. Die Meinungsfreiheit – nicht umsonst ein wesentlicher Bestandteil unserer demokratisch-freiheitlichen Ordnung – wird oftmals sehr weit gesteckt. Hinzu kommt: Die rechtliche Beurteilung einer Aussage ist das eine. Die inzwischen viel wirkmächtigere Ebene, wenn es um die Frage geht: Was ist in Ordnung zu sagen, und was nicht?, ist die öffentliche Wahrnehmung. Denn häufig dauert es so lange, bis eine endgültige gerichtliche Entscheidung gefällt wird, dass sich die Öffentlichkeit an die ursprüngliche Auseinandersetzung gar nicht mehr erinnert. Zudem sind viele Entscheidungen auch nicht eindeutig. Manchmal kommt es vor, dass mehrere strittige Aussagen verhandelt wurden und eine für zulässig und eine andere für unzulässig befunden wurde. Anschließend brüsten sich dann gerne beide Parteien damit, dass das Gericht in ihrem Sinne geurteilt habe. So beispielsweise, als Alice Schwarzer 2018 die Aktivitäten der Autorin und Netzaktivistin Kübra Gümüşay sowie deren Auffassung von Feminismus kritisierte. Gümüşay klagte gegen eine Reihe von Aussagen und erhielt vom Oberlandesgericht teilweise recht; drei von sieben Aussagen durfte Alice Schwarzer nicht wiederholen. Beide reklamierten den Sieg vor Gericht für sich.

Eine solche unklare Gemengelage sorgt oftmals dafür, dass nicht das Recht, sondern die Wahrnehmung der Öffentlichkeit darüber entscheidet, was sie bereit ist, als Meinung zu akzeptieren beziehungsweise als Zumutung zu verurteilen.

Ob eine Äußerung dann rasch wieder an Aufmerksamkeit verliert und in den Tiefen des Internets oder der Pressearchive verschwindet, ob sie einen Shitstorm hervorruft oder es zu einer aufgeregten andauernden Debatte kommt (bei der nicht mehr die Äußerung im Vordergrund steht, sondern sich der Diskurs und die Teilnehmer längst verselbstständigt haben), hängt von mehreren Fakoren ab: Wer ist Absender einer kritischen Äußerung? Wer fühlt sich angesprochen, oder besser: angegriffen, beziehungsweise wer steigt mit in die Debatte ein? Wer befeuert einen Shitstorm? Gibt es Ereignisse oder Zeiten, die eine größere Debatte verhindern (etwa eine Fußballmeisterschaft oder das sogenannte Sommerloch)? Gibt es einlenkende Personen, Entschuldigungen, Schlusspunkte?

Weil man sich über bestimmte Themen trefflich streiten kann, kochen die Emotionen bisweilen hoch. Das wäre nicht weiter schlimm, wäre es nicht zunehmend so, dass Meinungen, anstatt sie als persönliche Äußerung des Gegenübers zu akzeptieren, delegitimiert, als manipulativ oder gesteuert gebrandmarkt und trotz faktischer Richtigkeit als »falsch« verunglimpft werden. Eine Aussage, die jemandem nicht behagt, wird also nicht mit sachlicher Gegenrede, mit Argumenten gekontert, sondern mit Delegitimierung der Äußerung oder des Absenders.

4
Die Delegitimierung der anderen

»In manchen Moscheen werden integrationsfeindliche Inhalte gepredigt.« So könnte ein zusammenfassender Satz aus meinem Buch *Inside Islam* lauten, in Zuge dessen ich in einige hitzige Debatten verwickelt wurde. Das heißt selbst dann, wenn eine Äußerung erkennbar keine Meinung ist und zugleich der Wahrheit entspricht, kann der Absender Unterstellungen und Anfeindungen ausgesetzt sein, die um die eigene Motivation, die eigene Haltung und die eigenen politischen Überzeugungen kreisen.

Ein weiteres persönliches Beispiel: Als ich vor einigen Jahren für ARD-aktuell den *Moscheereport* produzierte, rief mich eines Tages eine Kollegin eines anderen Mediums vollkommen aufgeregt an. »Wissen Sie denn nicht, wem sie damit Argumente liefern?«, schleuderte sie mir am Telefon entgegen. Im weiteren Verlauf des Gesprächs wurde klar: Sie war gar nicht der Auffassung, dass meine Arbeit inhaltlich falsch war, aber das Thematisieren, das Ansprechen sei ein Fehler gewesen.

Immer häufiger geraten wir allein dadurch aneinander, dass wir ein bestimmtes Phänomen thematisieren. Wer auch nur anspricht, dass es – was wahrscheinlich niemand bestreitet – integrationsfeindliche Predigten in Moscheen gibt, ist islamophob. Wer Rassismus in der Polizei – den es unbestritten gibt – als Thema wählt, ist mindestens linksalternativ. Wer nur thematisiert, dass Nichtdeutsche überproportional häufig straffällig sind – was alle Statistiken belegen –, ist rechts.

Ein Thema offen anzusprechen geht inzwischen häufig damit einher, dass man von anderen einer bestimmten Gruppe und einer klaren (politischen) Position zugerechnet wird – selbst wenn man eigentlich gar keine »Meinung« zu dem Thema vertritt, sondern nur etwas Faktisches wiedergibt. Für viele Menschen ist die Gruppenzugehörigkeit da jedoch schon eindeutig.

Woher rührt das Verlangen, jemanden für seine Wortmeldungen nicht nur einem bestimmten Milieu, einer bestimmten Haltung zuzuordnen, sondern dieser Gruppe, dieser Haltung sogleich feindlich gegenüberzutreten? Woher rührt die Aufgeregtheit, der missionarische Eifer, ja der Hass, der einem nicht selten entgegenschlägt?

Die beiden folgenden Beispiele zeigen eindringlich, wie weit wir von einer sachlichen Diskussion entfernt sind, gerade bei sensibleren Themen. Wie rasch jemand aufgrund einer Meinungsäußerug delegitimiert und mit Hassrede überzogen wird. Beide Beispiele sind *tagesthemen*-Kommentare, eindeutig als »Meinung« gelabelt, erkennbar subjektiv, als Anstoß zur Diskussion gedacht.

In ihrem Kommentar »Dagegen halten – Mund aufmachen« vom 5. August 2015 ging es meiner Kollegin Anja Reschke schon damals um den Hass im Netz: Ausgangspunkt des Kommentars war die potentielle öffentliche Äußerung: »Ich finde, Deutschland soll auch Wirtschaftsflüchtlinge aufnehmen«, anhand deren sie die wahrscheinlichen hasserfüllten und rassistischen Reaktionen in den Kommentarspalten durchspielte. Bezeichnend sei, dass sich die Absender nicht mehr hinter Pseudonymen versteckten, sondern unter Klarnamen auftraten und dass die Hasstiraden im Netz längst gruppendynamische Prozesse auslösten; die Zahl rechtsextremer Straftaten sei gestiegen. »So kann es nicht weitergehen«, sagte Reschke. »Die Hassschreiber müssen kapieren, dass diese Gesellschaft das nicht toleriert. Wenn man also nicht der Meinung ist, dass alle Flüchtlinge Schmarotzer sind, die verjagt, verbrannt oder vergast werden sollten, dann sollte man das ganz deutlich kundtun.« Man müsse »dagegen halten, Mund aufmachen, Haltung zeigen, öffentlich an den Pranger stellen«.

Am Ende ihres Appells sagte Reschke noch, sie freue sich »jetzt schon auf die Kommentare zu diesem Kommentar«. Eine große Zahl antwortete perfiderweise denn auch nicht mit »Ich sehe das anders«, sondern mit »Du linksversiffte Schlampe« oder mit Drohszenarien wie diesem: »Wenn diese Asylbewerber ... über deutsche Frauen und Kinder herfallen, dann ... macht ihr euch mitschuldig am nächsten Bürgerkrieg hier in unserem Land.«

Anja Reschke berichtete später von fortlaufenden Drohungen und Anfeindungen aufgrund des Kommentars. Einmal habe jemand bei der Hamburger Polizei angerufen und behauptet, sie läge blutüberströmt in ihrer Küche, woraufhin Beamte plötzlich vor ihrer Wohnung standen.

Beispiel Nummer zwei: In seinem Kommentar zum

neuen Atomstreit vom 26. April 2024 sagt Thomas Berbner vom Norddeutschen Rundfunk: »Wenn wir eines Tages auf die größten Fehler der Ampel-Koalition zurückblicken, wird die Abschaltung der letzten drei Atomkraftwerke darauf einen prominenten Platz einnehmen.« Und weiter: »Die Verdrehung von Fakten hat in der deutschen Anti-Atomkraftbewegung eine lange Tradition … Kernkraft ist gut für Energiesicherheit und Klimaschutz. Nur bei uns behaupten grüne Minister weiter, die energiepolitische Geisterfahrt Deutschlands sei wissenschaftlich fundiert und notwendig. Robert Habeck ist Minister für Wirtschaft und Klimaschutz. Mit der Entscheidung zum Atomausstieg hat Habeck der Wirtschaft und dem Klimaschutz schweren Schaden zugefügt.«

Bei LinkedIn schrieb daraufhin der Medienproduzent Bastian Fischer in seiner Reihe »Briefe an den Populismus«: »Der Kommentar schloß direkt an einen Bericht an, der lediglich die diffusen Vorwürfe des bekanntermaßen rechtspopulistischen Magazins *Cicero* reproduzierte, jedoch keine inhaltliche Auseinandersetzung damit suchte.« Ein Kommentar dürfe sich, »gerade in diesen Zeiten, nicht plumper Stimmungsmache verdächtig machen«.

Diese Reaktion fand breite Zustimmung in ihrer Intention, den Kommentar von Berbner einerseits als inhaltlich wertlos darzustellen, andererseits ihn als populistisch zu diffamieren – was die Aufmerksamkeit weg von Berbner und hin zu den Öffentlich-Rechtlichen lenkte. Von den zahlreichen Kommentaren auf Fischers Brief seien ein paar beispielhaft angeführt:

»Der ÖRR wird immer mehr zum Sprachrohr der Populisten.«

»Bei den Öffentlich-Rechtlichen hocken anscheinend einige rechte Läuse im Pelz.«

»Ich denke, die versuchen von der AfD-Spionageaffaire abzulenken.«

»Rechte und reaktionäre Diskursverschiebung in ihrer Reinform – nach 10 Jahren so perfektioniert, dass sogar die *tagesthemen* mitspielen.«

»Wenn einer eine andere Position vertritt, diese aber nur mit Lügen, Ahnungslosigkeit und Hass spickt, sollte das nicht gezeigt werden.«

»Auch wenn da Meinung stand, gehört das nicht in die *tagesthemen.*«

In beiden Fällen wird also aus einer Meinung eine unzulässige Wortmeldung, die im öffentlichen Diskurs nichts zu suchen hat. Obwohl die Anfeindungen einmal von rechts, einmal von links kamen, so hatten sie doch das gleiche Ziel: die Wortmeldung, die Absenderin oder, wie im zweiten Fall, die veröffentlichende Institution, die Öffentlich-Rechtlichen zu delegitimieren. Es gar nicht erst zu einem echten Diskurs mit Argumenten kommen zu lassen, sondern das Gesagte zu brandmarken und abzulehnen. Im Sinne von: Mit solchen Aussagen darf und kann man sich nicht (sachlich und konstruktiv) auseindersetzen!

Den anderen »keine Bühne bieten«

Der Idealfall sähe anders aus: Jemand äußert eine kritische Meinung, sagen wir: »Eine Impfpflicht gegen Corona geht zu weit«, und es entspinnt sich eine sachliche Debatte. Da es sich um ein kontroverses und auch heikles Thema handelt, darf diese natürlich emotional geführt werden, aber sie verbleibt im sachlichen Rahmen: ohne Shitstorm gegen den Absender, ohne Delegitimierung, ohne Hassreden. Stattdessen wird in den öffentlichen Diskussionen nicht selten das Stoppschild »Keine Bühne für …!« errichtet und das Gegenüber damit ausgegrenzt – obwohl es nichts sagt, was rechtlich verboten wäre oder eine falsche Tatsachenbehauptung enthielte; vielmehr möchte man die Äußerung nicht hören oder lesen, weil sie konträr zu den eigenen Überzeugungen steht.

Beispiele für derlei Ausgrenzungen gibt es viele. Insbesondere gegenüber der AfD wird immer wieder ins Feld geführt, man dürfe ihr keine Bühne bieten. So schreibt Nils Minkmar im April 2024 in der *Süddeutschen Zeitung:* »Die mediale Präsenz der Rechtsradikalen in Gesprächssendungen des öffentlich-rechtlichen Rundfunks ist mehr oder weniger Sendezeitverschwendung. Und sie ist schädlich: Eine Talkshow ist kein Ort der Wahrheitsfindung, sondern der Repräsentation … Was hier geboten wird, ist, wenn es nicht explizit ausgeschlossen wird, zur Nachahmung empfohlen. Darum ... sollte man Vertreterinnen und Vertreter extremer Parteien nicht in Gesprächssendungen einladen.«

Auch die Letzte Generation bekam die Forderung, man solle ihr keinen Raum für ihre Ansichten bereitstellen, schon häufig zu hören, etwa als es darum ging, dass die Organisation Vorträge an Schulen halten wollte. Die Junge Union Nordrhein-Westfalen schreibt dazu auf ihrer Homepage: »Unsere Schulen dürfen diesen radikalen Organisationen keine Bühne bieten: Die Mitglieder der Letzten Generation sind für ihre rechtsstaatsverachtende Vorgehensweise zur Umsetzung ihrer politischen Agenda bekannt, wozu auch ausdrücklich und bewusst die Begehung von Straftaten gehört. Für uns ist klar: Schulen dürfen nicht genutzt werden, um Rekrutierungsaktionen für eine solche Organisation zu ermöglichen.«

Bei den genannten Beispielen – Impfgegner, AfD, Klimaaktivisten – werden viele nun sagen: Richtig so. Denn hier werden ja auch rechtliche Grenzen überschritten. Die Letzte Generation begeht strafbare Handlungen (erste Gerichte verurteilten die Mitglieder der Letzten Generation wegen Nötigung in Tateinheit mit Widerstand gegen Vollstreckungsbeamte), einzelne AfD-Vertreter und Teile der Partei sind gesichert als rechtsextrem einzustufen, und die Verweigerung, sich gegen Corona impfen zu lassen, schadet womöglich der Gemeinschaft. Klingt einleuchtend? Aber sind nicht alle drei Positionen von der freien Meinungsäußerung gedeckt beziehungsweise Teil des demokratischen Spektrums? Wo ziehen wir die Grenze zu Verschwörungstheorien und Queerdenkern, zu Nationalsozialisten und Rassisten, zu Saboteuren und Terroristen?

Die Flat-Earth-Theorie ist für die allermeisten Menschen so abstrus, dass es wohl auch unproblematisch wäre, einen Anhänger der Theoroie in eine Talkshow einzuladen, damit er dort seine Meinung kundtun kann. Er würde vermutlich eher Kopfschütteln und Lacher ernten, als dass er tatsächlich Menschen von seiner Theorie überzeugen würde. Die Aussage: »Man darf so jemandem keine Bühne bieten!«, die bei der Frage nach dem richtigen Umgang mit extremen Positionen oft geäußert wird, würde man in diesem Kontext wohl eher nicht hören. Der Sender oder die Produktionsfirma der Talkshow müsste sich wahrscheinlich eher den Vorwurf gefallen lassen, warum man Menschen dabei zusehen sollte, wie sie sich selbst desavouieren.

Aber was wäre, wenn es sich nicht um den Vertreter einer offenkundigen Verschwörungstheorie handelte, sondern um, sagen wir, einen sogenannten Klimaleugner, also jemanden, der die Ursachen und Folgen der Klimakrise leugnet und alle klimapolitischen Maßnahmen ablehnt? Würden wir einen Anhänger dieser Theorie in eine Talkshow einladen? Eine Bühne bieten, auf der er seine Meinungen – von denen ein Großteil der Menschen weiß, dass sie objektiv falsch und zudem gefährlich sind – frei kundtun und damit Menschen in seinen Bann ziehen kann? Wann ist eine Äußerung falsch, aber ungefährlich, und wann ist sie falsch und sollte auf keinen Fall Verbreitung finden? Und was ist, wenn eine

Äußerung wie die Leugnung des Klimawandels für viele Menschen falsch und damit problematisch ist, aber dennoch in den Bereich der Meinungsfreiheit fällt?

Davon ausgehend stellen sich weitere Fragen. Ich denke an die islamischen Großkundgebungen in Berlin und Hamburg. In Berlin wird jedes Jahr am letzten Freitag des Fastenmonats Ramadan der sogenannte »al-Quds-Tag« begangen, bei dem regelmäßig antisemitische Vorfälle registriert werden, in Hamburg wurde 2024 auf einer Kundgebung die Einführung des Kalifats gefordert. In beiden Fällen wurden strafbare Slogans skandiert oder auf Plakaten transportiert, antisemitisch, rassistisch, menschenverachtend. Auch hier werden viele sagen: Das geht nicht! Das hat mit Demokratie nichts zu tun.

Aber was ist mit denjenigen, die auf den Demonstrationen anwesend sind, mitlaufen, aber eben selbst keine antisemitischen, rassistischen, menschenverachtenden Parolen äußern? Oder sich später distanzieren? Delegitimieren sie sich, ihre Meinung und die Themen, die sie bewegen – wie der Krieg in Israel –, für immer dadurch, dass sie auch nur im Umfeld von Personen und Organisationen erscheinen, die mit hochproblematischen oder auch strafbaren Äußerungen in Verbindung gebracht werden? Und was ist mit Personen, die ihre Meinung ändern? Die beispielsweise vor einigen Jahren eine diskriminierende oder strafbare Äußerung getätigt haben, sich aber inzwischen von dieser Meinung (und dem dazugehörigen Kollektiv) abgewendet haben? Haben sie trotzdem jedes Recht auf demokratische Teilhabe verspielt?

Sollen sie ihre Arbeit verlieren und an der öffentlichen Debatte nicht mehr teilnehmen dürfen?

Als die palästinensisch-stämmige Journalistin Nemi el-Hassan ab November 2021 die Moderation des WDR-Wissensmagazins *Quarks* übernehmen sollte, veröffentlichte die *Bild*-Zeitung Fotos, die zeigten, dass sie 2014 auf einem ebensolchen al-Quds-Marsch mitgelaufen war. El-Hassan entschuldigte sich zwar für die Teilnahme, verlor aber letztendlich ihren Job, bevor sie überhaupt on air war. Hat sie mit der Teilnahme – und somit der Nähe zu antisemitischen, menschenverachtenden Parolen – ihre Meinungsfreiheit überreizt? So sehr, dass sie in der Konsequenz ihren Beruf nicht mehr ausüben darf? Jochen Bittner fragte zwar in der *Zeit*, ob die Distanzierung el-Hassans glaubwürdig sei, sagte aber gleichzeitig, dass man nicht den Stab über ihr brechen dürfe, wie dies viele Medien täten. Er wolle »nicht in einem Land leben, in dem jemandem Fehler aus jungen Jahren ein Leben lang vorgehalten werden«.

Wo ziehen wir die Grenze, wenn es um Meinungsäußerungen (oftmals sind es auch nur Likes, die Personen vorgehalten werden) geht und die Frage, wem man eine Bühne bietet und wem nicht?

Überhaupt: Die Liste der Personen, die vom öffentlichen Diskurs ausgeschlossen werden sollen, obwohl sie sich im rechtlichen Rahmen bewegen, ist lang: Alice Schwarzer – weil sie im Februar 2023 zusammen mit Sahra Wagenknecht das besagte »Manifest für den Frieden« verfasste und gegen weitere Waffenlieferungen für die Ukraine eintritt? Weil sie zwar als Pionierin des

Feminismus in Deutschland gilt, dagegen aber Transsexualität als Modeerscheinung bezeichnet? Peter Hahne – weil er den »Sieg der Gendersterne verhindern« möchte? Anetta Kahane, bis 2022 Vorsitzende der Amadeu Antonio Stiftung – weil sie zwar gegen Rassismus und Fremdenfeindlichkeit kämpft, aber die Augen verschließt vor islamistischer Gewalt? Gerhard Schröder – weil er Wladimir Putin einst als »lupenreinen Demokraten« bezeichnete und bis heute nicht von dieser Meinung abrücken will? Dieter Nuhr – weil er Witze über alles macht, wofür andere Menschen eintreten, beispielsweise Klimaschutz oder Geschlechtergerechtigkeit? Carola Rackete – weil sie Flüchtlinge vor dem Ertrinken rettet und als Linken-Politikerin fürs Europaparlament kandidierte?

Diesen Personen ist gemein, dass sie extrem polarisieren, aber keine strafbaren Inhalte verbreiten. Und dennoch sagt so manch einer voller Überzeugung: Der oder die darf nicht an der öffentlichen Debatte teilhaben!

Warum denn nicht?

Kann das funktionieren: Menschen keine Bühne zu bieten und damit die Wirklichkeit so zu gestalten, wie man möchte? Für mich betrifft die zentrale Frage das, was dem Keine-Bühne-Bieten zugrunde liegt: Die Idee, eine gesellschaftspolitische Entwicklung – zum Beispiel die Selbstbestimmung in puncto des Geschlechts – zu verhindern, indem man Themen vermeidet und Menschen, die sie anführen, versucht auszublenden. Ist das »Haltung zeigen«? Ist Keine-Bühne-Bieten das funktionierende Mittel, um das Erstarken des Rechtsextremismus und ein zweites Weimar zu verhindern? Hätte die

Machtübernahme der Nationalsozialisten 1933 verhindert werden können, wenn bestimmte Äußerungen frühzeitig gar nicht erst zugelassen worden wären, bestimmte Personen frühzeitig aus der Öffentlichkeit verbannt worden wären?

Auch wenn die Frage, ob man Adolf Hitler hätte verhindern können, heikel ist und aus wissenschaftlicher Perspektive wohl kaum eindeutig zu klären sein wird, ist für mich in diesem Kontext ganz klar: Nicht die Worte jener Zeit – so schrecklich, menschenverachtend und rassistisch sie waren – waren die Ursache für den Aufstieg der Nazis. Sondern das Gedankengut, das die meisten Menschen damals pflegten!

Wenn man von der Abfolge Gedanke – Wort – Tat ausgeht und man der Ansicht ist, man verhindert die Tat, indem man das mittlere Glied der Kette – das Wort – unterbindet: Vielleicht hätte das damals, in einer Welt ohne Internet, in der Information und Diskussion nur über Zeitung, Radio und Mund zu Mund stattfand, funktioniert. Aber heute?

Nehmen wir zum Beispiel den Slogan »From the river to the sea«, der immer wieder auf propalästinensischen beziehungsweise antiisraelischen Demonstrationen fällt, durch den jüdische Menschen eingeschüchtert werden, weil er bedeutet, dass der palästinensische Staat vom Jordan bis zum Mittelmeer reichen und der Staat Israel somit ausgelöscht werden soll. Ließe sich diese Drohung vermeiden, indem man den Slogan in Deutschland verbietet?

Aus der Welt wäre er damit nicht. Er begegnet muslimischen Menschen überall, im türkischen und arabischen Fernsehen, im Internet. Durch das Verbot, die formale Verteufelung, passierte in erster Linie vor allem eines: Man müsste sich inhaltlich gar nicht mehr damit auseinandersetzen. Das Gedankengut bliebe jedoch bestehen.

Was erwarten wir eigentlich von unserem Gegenüber in einer Debatte? Wenn es bei manchen sensiblen Themen – wie etwa dem Israel-Palästina-Konflikt oder dem Impfen – schon schwierig ist, sich auf Kompromisse zu einigen oder Verständnis für die jeweils eigene Position zu erzielen, mit welchem Ziel gehen wir dann in eine Diskussion? Soll der andere etwa gänzlich überzeugt werden – freilich mit sachlichen Argumenten – und seine Meinung folglich ändern? Oder soll er seine Meinung nicht mehr äußern, also mundtot gemacht werden? Soll die Person gar ausgegrenzt werden oder von der Bildfläche verschwinden (soll ihr also keine Bühne mehr geboten werden)?

Angriffe von rechts und links

Die weiter oben dargestellten Reaktionen auf die *tagesthemen*-Kommentare von Anja Reschke und Thomas Berbner zeigen ein Phänomen, das ich immer wieder beobachten konnte: Rechte Anfeindungen erfolgen häufig anonym und sind gewaltlüstern. Linke Anfeindungen sind häufig eher auf Verächtlichmachung angelegt. Die beiden folgenden persönlichen Beispiele illustrieren ganz gut, wie sich die Hassreden aus den politischen Lagern unterscheiden.

Als ich 2021 den Roman *Die Kandidatin* veröffentlichte, kam die Aufregung von links. Die Kritik wurde in erster Linie von Journalisten geäußert, die unter Klarnamen auftraten und einen intellektuellen Duktus pflegten. Der Roman wurde als »rechtspopulistisches Pamphlet« bezeichnet, ich selbst als »Gesicht der Misstrauenskultur« diffamiert, der ein Buch in Tradition von *Jud Süß* geschrieben habe.

Bei der bereits erwähnten deutsch-arabischen Gesprächsreihe *Marhaba – Ankommen in Deutschland* erhielt ich massive Anfeindungen von der anderen Seite, also von rechts (während die *Süddeutsche Zeitung* mich als »Integrationsminister« lobte). Ein paar Zuschriften von damals, die mich einschüchtern sollten, habe ich archiviert:

> »An deiner Stelle würde ich nicht mehr einfach so auf der Straße rumlaufen.«

> »Bei dir zu Hause brennt ja noch Licht.«

Insgesamt waren es viele, viele mehr. Nun ist es das eine, im Netz, womöglich noch im Schutz der Anonymität, Hass zu posten oder diffamierende Beiträge zu schreiben. Etwas ganz anderes ist es, es nicht nur bei Worten zu belassen, sondern in Aktion zu treten – und damit sogar eine Straftat zu begehen.

Warum entschließen sich Menschen, die sich als rechts

oder konservativ verorten, dazu, nicht das Gespräch zu suchen, sondern ihre Meinung, ihr Weltbild auf andere Weise durchzusetzen? Ihr Gegenüber nicht nur zu beschimpfen und zu bedrohen, sondern auch handgreiflich und gewalttätig zu werden, weil es einen anderen Glauben lebt, eine andere Hautfarbe oder Nationalität hat, ein anderes Geschlecht, eine andere sexuelle Orientierung? Welche Erklärungen könnte es dafür geben?

Die Gründe sind gewiss vielschichtig, von Fall zu Fall unterschiedlich, und können hier nur angerissen werden. Eine Rolle spielt wohl, dass das Zusammenleben neu ausgehandelt wird, wie beispielsweise der Soziologe und Integrationsforscher Aladin El-Mafaalani schreibt. Alte Machtverhältnisse werden hinterfragt (etwa die Rolle des »alten weißen Mannes«), insgesamt werde die Gesellschaft offener und liberaler. Dass dies zu neuen Konflikten führe und die politischen Ränder radikaler werden ließe, nennt El-Mafaalani das Integrationsparadox.

Die Angst vor dem Bedeutungs- oder Machtverlust, das Gefühl des Abgehängtseins, des Nicht-ernst-genommen-Werdens – fragt man die Handelnden selbst, so führen sie regelmäßig an, dass die eigenen Probleme wie »Überfremdung« oder »Ausländerkriminalität« nicht gesehen würden und sie sich nicht anders zu helfen wüssten. Unabhängig davon, ob diese Probleme faktisch vorhanden sind, ist dieses Gefühl, ist die Motivation durchaus echt.

Der Soziologe und Erziehungswissenschaftler Wilhelm Heitmeyer führt ebenfalls die soziale Desintegration als Erklärungsmuster für das Erstarken der rechtsextremen Bewegungen an. Zusätzlich prägte er den sozialwissenschaftlichen Begriff der Gruppenbezogenen Menschenfeindlichkeit, der feindselige Einstellungen gegenüber Menschen unterschiedlicher sozialer, religiöser und ethnischer Herkunft sowie mit verschiedenen Lebensstilen innerhalb einer Gesellschaft zu erfassen und zu systematisieren versucht. Zusammengehalten werden diese feindseligen Einstellungen durch einen gemeinsamen Kern, die sogenannte »Ideologie der Ungleichwertigkeit«. Oftmals liegen die feindseligen Einstellungen nicht nur gegen eine Gruppe, sondern gegen mehrere Gruppen vor, was Heitmeyer als das »Syndrom der Gruppenbezogenen Menschenfeindlichkeit« bezeichnet.

In den Sozialwissenschaften wird untersucht, inwieweit die Entstehung der Gruppenbezogenen Menschenfeindlichkeit mit dem Bildungsgrad, den Beziehungen innerhalb der Familie oder Persönlichkeitseigenschaften zusammenhängt und welche gesellschaftlichen und wirtschaftlichen Faktoren sich darauf auswirken; nicht selten spielen ein niedriger Bildungsgrad und prekäre Lebensverhältnisse eine entscheidende Rolle. »Das Ausmaß von Vorurteilen, Abwertungen, Diskriminierungen und Gewalt ist keine Naturkonstante, sondern abhängig von gesellschaftlichen Verhältnissen«, sagt Wilhelm Heitmeyer in einem Interview mit der *Berliner Zeitung* im Oktober 2016 – das bedeutet letztlich, dass die Menschenfeindlichkeit veränderbar wäre.

Für mich steht fest: Wer den Tod mehrerer Menschen in Kauf nimmt – wie etwa der rassistisch motivierte Attentäter, der im Oktober 2019 am jüdischen Feiertag Jom

Kippur mit Gewalt versuchte, in die Hallenser Synagoge einzudringen, mit dem Ziel, alle dort befindlichen Juden umzubringen (die verschlossene Holztür der Synagoge verhinderte das Vorhaben, wobei der Attentäter zwei Unbeteiligte erschoss) –, ist von einer solchen Menschenfeindlichkeit, oder drastischer: von Menschenhass getrieben!

Wenden wir nun den Blick wieder nach links: Warum entschließen sich Personen, die sich dem linken Spektrum zugehörig fühlen, eine Torte zu werfen, um – scheinbar – antiislamische Verlautbarungen zu unterbinden? Warum verüben sie Anschläge auf Kunstgemälde – wie die beiden Aktivistinnen von Just Stop Oil, die im Oktober 2022 in der National Galery von London Vincent van Goghs *Sonnenblumen* mit Kartoffelsuppe bewarfen und sich davor an der Wand festklebten – oder zünden SUVs an wie zum Beispiel im Juli 2023 in einem Münchner Autohaus?

Den Angriffen von links liegt häufig ein Gefühl moralischer Überlegenheit zugrunde: Wir wissen, was richtig ist! Wir vertreten Gut gegen Böse! Verbunden ist diese moralische Überlegenheit mit dem Sendungsbewusstsein, dass möglichst viele Menschen sich dem Kampf gegen das Böse verschreiben müssen.

Während sich Angriffe von rechts allermeistens allgemein-abstrakt gegen »das System« richten, gegen eine bildungsbürgerliche Elite, gegen »die da oben«, herrscht links ein anderes Misstrauen gegen gewisse Strukturen: die Regierung unternehme nicht genug gegen den Klimawandel, die Universität sei offen für Personen mit problematischer Haltung. Kurzum: Wer den von links ausgerufenen »Kampf gegen das Böse« kritisch sieht oder bestimmte Positionen nicht oder nur ansatzweise teilt, mache gemeinsame Sache mit den Kapitalisten, Rassisten, Nazis, Sexisten, Klimagegnern, Fleischessern und sei ein »Verräter«.

Diese Auflistung macht deutlich, auf welche Positionen sich die moralische Überlegenheit stützt. Nun klingen diese erst einmal absolut vertretbar: Was spricht dagegen, sich für Nachhaltigkeit einzusetzen, für Toleranz und Gleichberechtigtkeit? Was spricht dagegen, sich gegen das Wiedererstarken von Rechtsextremismus einzusetzen und für ein »Nie wieder!«? Und sind Übergriffe mit Kartoffelsuppe und Torten nicht viel harmloser, nicht viel weniger von Menschenhass getrieben als Hakenkreuzschmierereien oder gar Brandanschläge auf Flüchtlingsunterkünfte?

Aber kann man diese unterschiedliche Gewichtung – die Angriffe von links seien harmloser und moralisch vertretbarer als die von rechts – tatsächlich vornehmen, wenn Allgemein- oder persönliche Güter beschädigt werden und am Ende doch Menschen bedroht oder verletzt werden? Oftmals scheint die moralische Korrektheit, die das linke Spektrum für sich beansprucht, es zu legitimieren, den politischen Gegner in seine Schranken zu weisen – notfalls mit Gewalt. Das ist aber vor allem eines nicht: demokratisch.

Und das ist vielfach das Problem, oder besser: die Widersprüchlichkeit bei den Angriffen von links: Dass

Meinungsäußerungen, Personen, Institutionen, die nicht links sind (beziehungsweise die Positionen nicht vollständig teilen), automatisch dem rechten Lager zugerechnet werden, obwohl sie sich im demokratischen Spektrum bewegen – und einfach kritisch sind und Fragen haben. Dabei haben sich auch Parteien wie CDU/CSU, die Kirchen und andere konservative Institutionen dem Kampf gegen Menschenfeindlichkeit und Rassismus angeschlossen und sprechen sich für Inklusion, Humanität und Solidarität aus.

»Man hätte von Anfang an erklären müssen, was damals gewesen ist. So hat es damals auch angefangen«, sagte die Holocaust-Überlebende Margot Friedländer am 85. Jahrestag der Reichspogromnacht am 30. Januar 2024 in den *tagesthemen*. Richtig ist doch wohl: Niemand, der sich in der gesellschaftlichen Mitte verortet, würde sich ernsthaft dagegenstemmen, ein Wiederaufkommen des Nationalsozialismus, den »Hauch von Weimar« (Gerhart Baum) zu verhindern. Dass niemand wegen seiner Herkunft und Lebensweise benachteiligt wird, gilt eigentlich als Common Sense.

Unüberwindbare Gräben

Woher kommt diese Unvereinbarkeit der Positionen? Wie hat dieses destruktive Streiten, das Ausgrenzen von anderen und ihren Meinungen, das inzwischen selbst die politische Mitte erfasst, angefangen?

An sich ist der Streit ja etwas Positives. Wir diskutieren,

im besten Fall sachlich und konstruktiv, und verhandeln neu aus, wie wir zusammen leben wollen, ganz gleich ob in der Familie und im engen Freundeskreis, im erweiterten bekannten Umfeld (Nachbarschaft, Vereinsleben), in der Arbeitswelt, im Bildungswesen oder ganz allgemein in der Gesellschaft. Überall ist der Streit, der Diskurs nötig, um immer wieder auszutarieren, nach welchen Regeln das Zusammenleben funktionieren könnte, sodass die Rechte und Freiheiten eines jeden gewahrt bleiben.

Doch dieses Aushandeln – das offene Gespräch – gelingt uns immer seltener. Aus dem Streit ist etwas anderes geworden: Ein Nicht-mehr-zuhören-Wollen. Ein Dem-anderen-keine-Bühne-Bieten. Wann haben wir das echte Streiten verlernt? Und seit wann trauen wir uns nicht mehr, unsere Meinung zu sagen? An dieser Stelle sei noch mal die Journalistin aus der Einleitung zitiert: »Du hast es ja darauf angelegt« – warum gibt es inzwischen Aussagen, die scheinbar dazu berechtigen, beleidigt und körperlich angegangen zu werden?

Überspitzungen und Überreizungen des öffentlichen Diskurses gab es schon immer: Erinnern wir uns noch daran, als Nikel Pallat, der Manager der Band Ton Steine Scherben um Sänger Rio Reiser, in der WDR-Talkshow *Ende offen* im Dezember 1971 das Gespräch beendete, indem er eine Axt hervolte und auf den Tisch einschlug? Den Scherben-Song »Macht kaputt, was euch kaputt macht« hatte er womöglich etwas zu wörtlich genommen.

Oder als sich die Autorin Karin Struck 1992 in der *NDR Talkshow* wutentbrannt das Mikrofon vom Leib riss und ihr Rotweinglas zum Leidwesen einer Zuschauerin ins Publikum warf? Der konservative Standpunkt von Angela Merkel zum Thema Abtreibung, damals noch als stellvertretende Parteivorsitzende der CDU und Bildungsministerin, hatte sie derart in Rage versetzt.

Oder an das *Spiegel*-Coverbild vom 20. August 1995, auf dem Marcel Reich-Ranicki den Roman *Ein weites Feld* von Günter Grass in der Luft zerreißt, weil er das Werk »missraten« fand und den Schriftsteller »gescheitert« sah?

Überhaupt die *Spiegel*-Covermotive: Es gibt zahlreiche zum Thema Islamismus in Deutschland, die in ihrer Klischeehaftigkeit und ihrer Provokanz heute nicht mehr gezeigt werden könnten: Halbmond und Stern überm Brandenburger Tor auf schwarzem Hintergrund, dazu der Titel »Mekka Deutschland« (2007). Oder eine von einer Burka verhüllte Frau mit arabisch beschrifteten Seiten in der Hand, die mystisch-bedrohlich aus dem schwarzen Hintergrund hervorscheint, dazu der Titel »Der Koran« (ebenfalls 2007). Ich bin mir sicher: Heute wäre solch ein Titel unvorstellbar: Die Islamophobie-Vorwürfe wären schneller da, als die *Spiegel*-Chefredaktion bis drei zählen könnte. Und diesen möchte sich heute niemand ausgesetzt sehen.

Der Journalist und Moderator Thilo Mischke veröffentlichte 2010 das Buch *In 80 Frauen um die Welt*, laut Klappentext eine »Liebeserklärung an die Frauen«. Ich habe das Buch zugegebenermaßen nicht gelesen, aber der Titel erscheint so provokant und frauenverachtend, kein ernst zu nehmender Verlag würde sich heute so etwas trauen; vielmehr werden in der Literatur, aber auch im Sachbuch »Sensitivity Reader« engagiert, die den jeweiligen Text auf vermeintlich anstößige Inhalte und Stereotypen durchsuchen.

Auch jenseits von Journalismus und Bücherwelt hat sich der Ton verändert. Etwa in der Comedy-Szene. Carolin Kebekus hat sich zu Beginn ihrer Karriere über Tokio Hotel in einer Weise lustig gemacht, wie es heute wohl nicht mehr möglich wäre. Sie zog die Band durch den Kakao, indem sie ihre Optik und die Bandmitglieder als nicht richtige Männer lächerlich machte. Heute undenkbar, weil sofort ein Shitstorm drohen könnte. »Politische Korrektheit hat die Comedy getötet«, sagt US-Humorist Steve Harvey.

Nun muss man einerseits sagen: Zum Glück gibt es solche Titel, solche (bloßstellenden) Witze heute nicht mehr! Wir haben uns weiterentwickelt, wir sind sensibler geworden. Wir denken mehr darüber nach, was Sprache und Bilder auslösen können. Wir haben ein Gespür dafür, wen wir in eine Gesprächsrunde einladen – und wessen Auftreten dagegen toxisch sein könnte. Julian Reichelt etwa, ehemaliger *Bild*-Chefredakteur und seit Juli 2022 Betreiber des YouTube-Kanals *Achtung, Reichelt!* (der inzwischen von dem Portal NIUS gesponsert wird), wurde vor einigen Jahren noch regelmäßig in Talkshows eingeladen (etwa zu geopolitischen Themen), heute jedoch nicht mehr.

Aber ist diese Vermeidung von toxischen Positionen nur positiv? Ist das Nicht-Einladen nicht auch von Angst geprägt? Angst vor der Kritik, vor der öffentlichen Erregung, vor einem Shitstorm, ausgelöst durch den Anschein, man legitimiere eine bestimmte Meinung, mache sie sich zu eigen oder, noch schlimmer, teile sie. Und: Ist die toxische Position durch die Ausladung erledigt? Mitnichten.

Warum spielt Angst solch eine große Rolle in unserem Diskurs?

Nehmen wir noch einmal das Torten-Beispiel von zu Beginn. Nach meinem Interview mit der *Zeit* und der medialen Diskussion des Vorfalls sprach ich mit einer Kollegin, die sich schließlich in einem Post unterstützend äußerte, allerdings erst sehr spät. Sie habe erst einmal abwarten wollen, wie sich das Ganze entwickelt. Am Anfang habe sie gedacht: »Oh, oh, das kann richtig eskalieren«, aber jetzt stünde ich ja »als Retter der Meinungsfreiheit da«. Ich kann ihr diese Aussage und das Abwarten gar nicht übel nehmen. Weil es eine allgemeine Erscheinung ist. Journalisten, Politiker und andere Diskursteilnehmer sitzen wie das Kaninchen vor der Schlange und warten ab, bis sich ein Online-Urteil über eine Person oder eine Äußerung abzeichnet. Ja nicht die eigene Meinung zu früh äußern, man könnte ja auf die falsche Seite geraten.

Früher gab es die sogenannte »Gatekeeper«-Funktion des Journalismus. Medienverantwortliche scannten die Nachrichten, trafen unter der Prämisse »Was hat Nachrichtenwert?« eine Auswahl und bereiteten damit – um im Bild zu bleiben – die Bühne für einen Diskurs. Diese Funktion ist jedoch weggefallen, und vielleicht rührt daher der Wunsch, diese unkontrollierbare Flut an Videos, Aussagen, Wahrheiten und Lügen einzudämmen und gewisse Grenzen zu ziehen. Eben nicht alles und jedem eine Bühne zu bieten.

Die Bühne steht aber jedem offen, und man könnte natürlich sagen: Das ist doch gerade Meinungsfreiheit in Reinheit! Jeder darf sagen, twittern, schreiben, was er denkt! War nicht das alte Modell, in dem Journalisten Gatekeeper waren, das weniger freie?

5
Demokratie in Gefahr?

Kompromissunfähigkeit, das Auseinanderdriften von Lebensrealitäten und die Angst vor dem offenen Gespräch sind verheerend für unser Zusammenleben. Da das friedliche und gleichberechtigte Zusammenleben im Kleinen wie im Großen Grundlage unserer Demokratie ist, stellt sich die Frage, ob – oder besser: in welchem Maße – diese in Gefahr ist.

Demokratie und Meinungsfreiheit sind in der zivilisatorischen Geschichte noch eine junge Erscheinung – und weltweit, wenn man sich die Zahl der Menschen, die in demokratischen Ländern mit Meinungsfreiheit leben, anschaut, in der Minderheit. Das heißt: Demokratie muss sich erst noch beweisen!

In Europa ist die Demokratie eine noch junge Herrschaftsform. Über 2000 Jahre lang wechselten sich aristokratische und autoritäre Regierungen ab; sie führten ihre Länder in vernichtende Kriege und schlossen die Bevölkerung von politischer Teilnahme aus. Durch die Französische Revolution – die Bürger des Landes wehrten sich gegen die Dysfunktionalität der autoritären Herrschaft – wurde zum ersten Mal ein Staat gegründet, der auf demokratischen Prinzipien basierte. Nachdem die Märzrevolution von 1848 gescheitert war, markierte die Weimarer Verfassung von 1919 den Beginn der Demokratie in Deutschland. Diese war jedoch nur von kurzer Dauer, es folgten Nationalsozialismus, Holocaust und Zweiter Weltkrieg. Erst nach dem Krieg und mithilfe der alliierten Mächte wurde die Demokratie in Deutschland etabliert. Europa war nach 1945 freilich geteilt und fand erst nach Zusammenbruch der Sowjetunion und der Auflösung des Ostblocks zur Einigung, 1993 mit der Gründung der Europäischen Union. Heute zählt die EU 27 Mitgliedsstaaten und könnte – als freiheitlich-demokratische Vereinigung, als Handelsmacht, als Verteidigungseinheit – eine wichtige geopolitische Rolle spielen.

Könnte! In immer mehr europäischen Ländern gewinnen nationalistische, europafeindliche Bewegungen die Oberhand, die nicht nur Europa als demokratische Einheit infrage stellen, sondern auch die gemeinsame militärische Verteidigung, die in der ständigen Unterstützung der Ukraine im Krieg gegen Russland immer wieder vor neue Belastungsproben gestellt wird. Angesichts eines kränkelnden Europas und weiterer globaler Krisen – des Klimawandels, der Migration, des drohenden Konflikts zwischen den USA und China, der Vielzahl von autoritären Bewegungen – stellt sich die Frage, ob und wie lange sich die noch junge Demokratie in einer Welt voller Herausforderungen noch behaupten kann.

Mehr noch: Man könnte derzeit leicht den Eindruck gewinnen, der Demokratie selbst wohne eine Neigung zur Selbstzerstörung inne. Eigentlich herrscht in einer

Demokratie ja das naturwissenschaftliche Prinzip der Schwarmintelligenz. Man leistet seinen (positiven) Beitrag, ordnet sich aber einem Kollektiv unter, das zum Wohle aller Entscheidungen trifft (und damit eine Gegenleistung für den positiven geleisteten Beitrag erbringt). Was aber, wenn dieses Kollektiv ganz offensichtlich danebenliegt?

Der Aufstieg der Nationalsozialisten in Deutschland war ein Totalausfall der Demokratie. Adolf Hitler kam mit demokratischen Mitteln an die Macht. Das macht es so unheimlich, wenn heute der Rechtsextremismus bei vielen Menschen offenbar wieder verfängt. Und das ist auch der Grund, warum viele sagen: Dieses Mal müssen wir etwas tun, *bevor* es bei den Wahlen wieder schiefgeht.

Wie akut ist die Bedrohung, dass rechtsextreme Kräfte an die Macht gelangen und unser demokratisch-freiheitliches System aushebeln?

Es gibt sicher gewisse Parallelen zwischen der aktuellen politischen Lage und der Weimarer Republik, als die Nationalsozialisten die Macht ergriffen. Zum Beispiel das Schwächeln der bürgerlichen Parteien und das gleichzeitige Erstarken rechter Bewegungen (nicht nur im Parlament), eine Verrohung des Diskurses nicht nur an den politischen Rändern – und dennoch glaube ich, dass wir nicht kurz vor einem »Vierten Reich« stehen. Das Nazi-Regime beruhte auf einem zentralistischen Staat, der Gleichschaltung der Medien, Gewaltherrschaft und Personenkult. Dem kann das Deutschland der Gegenwart Folgendes entgegensetzen: einen Föderalismus, der es schwierig bis unmöglich macht, zentral durchzuregieren; eine Medienvielfalt, in der alle erdenklichen Perspektiven in Diskussionen abgedeckt werden; unabhängige und kritische Gerichte; eine grundsätzliche moralische Ablehnung von Gewalt. Unsere Strukturen sind auf absehbare Zeit zu divers, zu unabhängig, zu gefestigt, als dass eine extremistische Partei sie aushebeln könnte. Und nicht zu vergessen die Mehrheit der Bürger: Hunderttausende gingen nach Bekanntwerden des Potsdamer Treffens im Frühjahr 2024 auf die Straße, um gegen rechts zu demonstrieren.

Aber was ist, wenn die Demokratie von innen ausgehöhlt wird? Wenn beispielsweise die Gerichte – die eigentlich die demokratische Verfassung schützen – der Demokratie gefährlich werden? Weil sie rechtsextreme Positionen teilen? Weil die rechtsextremen Kräfte so stark in Bundestag und Bundesrat vertreten sind, dass sie Einfluss auf Richterposten am Bundesverfassungsgericht nehmen können?

In den USA ist die politische Ausrichtung der Richter am Supreme Court immer wieder ein kontrovers diskutiertes Thema, gerade auch mit Blick auf eine mögliche Wiederwahl Donald Trumps. Bei uns rückt diese Problematik mit dem Erstarken der AfD in den Fokus. So haben die Abgeordneten der Linken im Bundestag einen Gesetzesentwurf vorgelegt, um »die Resilienz des Bundesverfassungsgerichts gegen autoritär-populistische Bestrebungen« zu stärken und das Bundesverfassungsgericht extremismussicher zu machen. Es geht vor allem darum, dass zentrale Bestimmungen, die essentiell für die Arbeit des Gerichts sind – zum Beispiel, dass die Wahl eines Richters oder einer Richterin im Bundestag eine Zweidrittelmehrheit erfordert, oder dass die Amtszeit zwölf Jahre beträgt –, den Rang eines sogenannten einfachen Rechts haben und damit vom jeweiligen Gesetzgeber durch einfachen Mehrheitsbeschluss geändert werden können.*

Solche Initiativen und die zahlreichen Demonstrationen unterstreichen für mich, dass wir nicht vor einer Rückkehr des Nationalsozialismus stehen. Anders als damals ist die Mehrheit der Menschen wachsam, engagiert und informiert, genauso wie die Gerichte, die Medien, die Politik, die Institutionen. Ich finde, wir können und sollten – statt angsterfüllt Abwehrdebatten zu führen – durchaus hoffnungsvoll, froh und dankbar sein, dass das der Fall ist. Nazis werden in Deutschland – daran glaube ich fest – nie wieder eine Chance haben. Die Geschichte wird sich nicht wiederholen. Das soll beileibe keine Entwarnung sein, die Gefahren für die Demokratie sind zahlreich und ernst zu nehmen. Aber eine realistische Einschätzung.

Was erwarten die Menschen von einer Demokratie? Wie kann sich diese Herrschaftsform beweisen – und damit einer drohenden Spaltung entgegenwirken? Eine der

* Zitiert nach »Entwurf eines Gesetzes zur Änderung des Grundgesetzes – Resilienz des Bundesverfassungsgerichts gegen autoritär-populistische Bestrebungen (Artikel 93 und 94)«, Deutscher Bundestag, Drucksache 20/11025.

zentralen Erwartungen der Menschen ist die Sicherung ihres Wohlstands. Sie erwarten, dass sie das, was sie für den Staat geleistet haben, auch in irgendeiner Form wieder zurückbekommen. Ist dieser Wohlstand nun in Gefahr, beispielsweise weil aufgrund von demographischen Entwicklungen die Rente nicht sicher ist oder weil im Zuge von Inflation Einschränkungen notwendig sind, dann brauchen die Menschen jemanden, der ihnen das ehrlich und verständlich übermittelt. Das ist Sache der Regierung. Wenn sie verhindern möchte, dass Bürgerinnen und Bürger ihr Kreuz bei den extremen Parteien machen, müssen sie sie zurückgewinnen, indem sie ihnen Verständnis für ihre Sorgen entgegenbringen und gleichzeitig aufrichtig bleiben (auch wenn Wahlen bevorstehen).

Was erwarten die Menschen noch von einer Demokratie? Frieden und Sicherheit gehören gewiss zu den essentiellen Bedürfnissen der Menschen. Auch hier gilt es, angesichts zweier Kriege direkt vor unserer Haustür, angesichts einer nicht endenden Migration und der drängenden Integrationsfragen, angesichts einer immer höheren Gewaltbereitschaft in unserer Gesellschaft die Sorgen der Menschen ernst zu nehmen und mit klugen und vor allem weitsichtigen Entscheidungen sowie einem funktionierenden Rechtssystem – Stichwort Gerechtigkeit: auch die erwarten die Menschen von einer Demokratie – dagegen zu wirken.

Aber: Die Menschen erwarten auch einen freien Meinungsaustausch. Sie möchten keine Angst haben müssen, offen ihre Meinung kundzutun. Ein Diskurs ohne

Vorverurteilung und Hass ist die Grundlage unserer Demokratie und trägt damit ganz wesentlich dazu bei, die Spaltung in unserer Gesellschaft zu überwinden. Der mediale Raum ist (neben den Bildungseinrichtungen) der Ort, wo Meinungsbildung stattfindet, die sich wiederum in Wahlergebnissen spiegelt. Soll verhindert werden, dass die Bürgerinnen und Bürger extrem wählen, so muss man, der Gedanke liegt nahe, hier ansetzen.

Wenn die Menschen das Gefühl haben, dass sie ernst genommen werden, dass sie die Wahrheit erzählt bekommen (von authentischen Politikern, die nicht nur an kurzfristigen Lösungen interessiert sind, sondern an tragfähigen Zukunftsperspektiven), sie also der Politik vertrauen können, und dass sie ihre Meinung frei äußern können, dann haben sie teil am demokratischen System und das Bedürfnis, ihr Heil an den politischen Rändern zu suchen, schwindet. Denn das ist ja gerade der Kern der Demokratie: Herausforderungen und Probleme klar zu benennen, zu diskutieren, zur Abstimmung zu stellen und damit eine tragfähige, akzeptable Lösung für alle zu finden.

Zugegeben, die Herausforderungen für die Demokratie und die Lösungsansätze sind hier etwas schablonenhaft skizziert. Natürlich ließe sich noch viel ausführlicher darüber schreiben, was gesellschaftlich im Argen liegt – die immer größer werdende Kluft zwischen Arm und Reich, große Probleme im Bildungs- und im Gesundheitssystem, Mangel an bezahlbarem Wohnraum – und wie die demokratische Politik die Menschen wieder für sich gewinnen kann, aber das wäre wohl ein anderes Buch. Und dennoch lässt sich konstatieren: Ja, die Demokratie ist in Gefahr! Die Spaltung der Gesellschaft ist nicht zu leugnen. Die Herausforderungen sind groß und die Zeit drängt. Aber andererseits liegen die Lösungsansätze auf der Hand. In großem Maße gefordert ist die Politik. Nicht nur die Regierung, sondern alle demokratischen Parteien und Institutionen.

Was uns in diesem Buch besonders interessiert, ist der offene Diskurs. Un den können wir alle dahingehend verändern, dass er ohne Beleidigung, Hetze und Hass stattfindet. Wir Medienmacher, aber auch jede Teilnehmerin, jeder Teilnehmer an Diskussionen, an Streit, am Austausch. Indem wir bei der Meinungsfreiheit stärkere Leitplanken ziehen und etwa unliebsame Positionen ausgrenzen? Oder indem wir einen Diskurs mit echter Vielfalt zulassen?

In einem solchen Diskurs mit Vielfalt ginge es nicht darum, welche Meinungen toleriert werden und welche nicht. Vielmehr sollte jeder das Gefühl haben, wahrgenommen zu werden und keine Angst haben müssen, seine Meinung zu äußern. Ein solcher Diskurs mit Vielfalt wäre das Abbild einer modernen Gesellschaft, in der eine Vielzahl von Menschen unterschiedlichster Herkunft, Religion, Geschlecht und Sexualität – inklusive »unbequemer« Positionen – in Frieden und Gleichberechtigung zusammenleben. Meine Prognose ist ohnehin, dass der Staat zukünftig nur noch einen groben Rahmen bildet, in dem es keine »Volksgemeinschaft« mit allgemein gleichen Werten und Weltansichten gibt, sondern eine Vielzahl von Clustern mit zum Teil konträren, aber ehrlichen Überzeugungen, was kontroverse Themen wie Israel, Klima, Gendern und Integration angeht.

6
Diskurs mit Vielfalt

Was ist denn die Stärke der Demokratie, in der wir leben? Es ist – unter anderem – der Diskurs. Die Fähigkeit zu reden. Das heißt im Umkehrschluss: Der Verlust dieser Redefähigkeit ist eine große Gefahr für die Demokratie.

Die Sprache schafft unser Bewusstsein. Mit dem, was wir sagen – und eben auch mit dem, was wir *nicht* sagen –, prägen wir den Diskurs und damit unser Zusammenleben. »Die Grenzen meiner Sprache bedeuten die Grenzen meiner Welt.« Dieses Zitat von Ludwig Wittgenstein stellte Kübra Gümüşay als Motto an den Anfang ihres Buches *Sprache und Sein.* Sie schreibt darin über ihre Sehnsucht nach einer Sprache, die Menschen nicht auf Kategorien reduziert, nicht ausgrenzt, sondern sie in all ihren Facetten existieren lässt.

Gümüşay war als Netzaktivistin und Journalistin vielfältig tätig, etwa mit dem von 2008 bis 2019 betriebenen Blog *Ein Fremdwörterbuch*, mit der regelmäßigen *taz*-Kolumne »Das Tuch«, als Initiatorin der Hashtags *#SchauHin* und *#Ausnahmslos* oder als Speakerin auf der re:publica 2016, wo sie warnte: »Auch digitaler Hass ist realer Hass.« Stets ging es ihr darum, Stereotype kenntlich zu machen und gegen Rassismus und Sexismus anzukämpfen. In *Sprache und Sein* geht sie schließlich der Frage nach, wie Sprache unser Denken und damit auch unser politisches Handeln prägt. Die Grenzen der eigenen Wahrnehmung, der eigenen Sprache müssten wir uns immer wieder bewusst machen, Prägungen hinterfragen und letztlich »die Wechselbeziehung zwischen Sprache und politischer Unmenschlichkeit« durchschauen. Wir müssten vermeiden, dass Menschen als Individuen unsichtbar werden, weil sie als Teil einer Gruppe gesehen werden und sich nur als solche äußern dürfen. Vielmehr gehe es darum, Grenzen zu öffnen und menschlicher zu sprechen.

»Brauchen wir eine Sprache, die gänzlich darauf verzichtet, Menschen nach ihrer Geschlechtsidentität zu kategorisieren?«, fragt Gümüşay, um an anderer Stelle festzuhalten: »Klar ist: Wir müssen uns mit der Architektur der Sprache beschäftigen, die unsere Realität erfassen soll. Damit wir aussprechen können, was ist. Damit wir sein können, wer wir sind.« Ihre Idealvorstellung wäre eine Gesellschaft, in der »alle gleichberechtigt sprechen und sein können«.

Kübra Gümüşay postuliert in ihrem Buch letztlich, dass man die Sprache formen muss, um die Gedanken, das Bewusstsein zu ändern. Das, so habe ich es weiter vorne bereits skizziert, funktioniert meiner Meinung nach nicht in einer globalen, digital vernetzten Welt. Wo wir uns aber treffen, ist, dass die Sprache den Diskurs bestimmt und dass am Ende ein Diskurs stehen sollte ohne erhitzte Gemüter. Ohne Hetze. Ohne Einschränkung des Sagbaren. Ein Diskurs, der demnach friedlich und wahrhaftig bleibt und als Schlüssel für eine funktionierende vielfältige moderne Gesellschaft dient.

Multikulturelle Länder gibt es natürlich zahlreiche, aber die Frage ist immer, wie diese Vielfalt gelebt wird. Der Mythos der USA beinhaltete stets die Idee eines »melting pot«, einer vielfältigen Gesellschaft. Die gleichzeitige Diskriminierung der Schwarzen und der hispanischen Bevölkerung ist jedoch bis heute tief verwurzelt in der amerikanischen Gesellschaft. Ähnliches gilt für Südafrika, wo die Apartheid als offiziell beendet gilt, aber immer noch fest in den Köpfen der Menschen (und in den Strukturen der Gesellschaft) sitzt. Oder der Libanon. In dem arabischen Land leben eine Vielzahl unterschiedlicher Ethnien, allein achtzehn verschiedene Religionen sind gesellschaftlich anerkannt, und doch gilt der Sectarismus (abgeleitet von dem englischen Begriff *sect*) als das größte Problem. Der Nahost-Experte Daniel Gerlach definiert diesen als »eine von Ressentiments geprägte Geisteshaltung, die sich in einer Überbetonung der ethnischen oder religiösen Identität von Einzelnen oder Gruppen innerhalb eines staatlichen Gemeinwesens äußert. Sie verfolgt nicht die Überwindung dieser Gräben, sondern deren Vertiefung.«*

Wir sehen also: Eine diverse Gesellschaft geht nicht automatisch mit einer umfassend freiheitlichen – und offen diskutierenden – Gesellschaft einher. Ressentiments sind tief verankert, führen permanent zu gesamtgesell-

* Zitiert nach Hanna Voß, »Es kann funktionieren. Gesellschaft und Spannungen im Libanon«, *tageszeitung*, 19. Oktober 2019.

schaftlichen Konflikten, oder Vielfalt wird nur auf einer Ebene gelebt, auf anderen jedoch nicht (wie zum Beispiel in Katar, wo religiöse Vielfalt offiziell toleriert wird und es kaum religiöse Konflikte gibt, während Frauen und ausländische Arbeitsmigranten rechtlich benachteiligt werden). Die Bedingung für ein funktionierendes Miteinander, dafür, dass Vielfalt nicht in konkurrierende Gruppen zerfällt, scheinen klare Regeln zu sein, wie das Beispiel Singapur zeigt. In dem Stadtstaat existieren mehrere Ethnien – Malaien, Chinesen, Inder – friedlich nebeneinander.

Wo steht Deutschland in dieser Auflistung? Auch Deutschland steht für eine offene Gesellschaft, in der unterschiedliche Religionen gelebt werden können, in der zahlreiche Nationalitäten seit mehreren Generationen integriert sind, in der eine moderne Auffassung herrscht, was sexuelle Selbstbestimmung anbelangt. Aber ist dem wirklich so? Und wenn ja, existieren die unterschiedlichen Gruppen friedlich nebeneinanderher, stehen sie im Dialog miteinander? Eher nicht. Oder: Eher nicht mehr? Hat der Diskurs mit Vielfalt in den frühen Merkel-Jahren noch funktioniert? War die WM 2014, bei der Deutschland gegen Argentinien den Titel holte, »einer der letzten glücklichen Momente des ganzen Landes«, wie Holger Gertz in der *Süddeutschen Zeitung* anlässlich des 75-jährigen Jubiläums der BRD schrieb? »Danach kamen Krisen und Kriege, die Pandemie, der blecherne Klang der Hassreden, online und im real life. Die Wucht des Populismus, die Demokratieverachtung, die Polarisierung, die Unversöhnlichkeit, der Kulturkampf.«

Der Diskurs muss Regeln befolgen, das dürfte den meisten von uns inzwischen klar sein. Die Social-Media-Plattformen X, Facebook und Instagram sind längst zu zwischenmenschlichen Jauchegruben geworden, das lässt sich kaum mehr einfangen oder ändern. Ich habe vor Jahren auch einmal gefordert, dass Facebook einen Chefredakteur braucht, um so etwas wie sichtbare Verantwortung für das zu übernehmen, was sich auf der Plattform abspielt. Aber inzwischen sehe ich das anders: Lasst doch auf diesen Plattformen allen Ansichten, Meinungen, meinetwegen auch Verschwörungstheorien, freien Lauf. Entweder wir vertrauen auf die Eigenverantwortlichkeit der Menschen bei der Informationsbeschaffung oder eben nicht. Wenn wir den Menschen nicht vertrauen, bewegen wir uns in eine »gelenkte Demokratie«, in der ein paar Auserwählte die Informationen vorsortieren – sozusagen als Gatekeeper –, die der Einzelne sehen, lesen und hören darf. Freiheitliche Demokratie funktioniert so freilich nicht.

Ohnehin vertraut der Großteil der Menschen in Deutschland nach wie vor eher seriösen Absendern oder bildet sich seine Meinung in persönlichen Gesprächen. Umso wichtiger ist aber, dass dort gewisse Standards eingehalten werden und Fairness vorherrscht. Dort dürfen sich die Menschen nicht treiben und beeinflussen lassen von dem Ton, der woanders herrscht.

Was sind nun die Regeln für den Diskurs mit Vielfalt?

Punkt eins: Alle nehmen am Diskurs teil! Ob an der Uni, in der Talkshow, im Kommentar … Die Frage, die darüber schwebt, lautet natürlich: Auch die AfD? Ja! Solange eine Partei nicht verboten ist und in Parlamenten sitzt, ist alles andere als eine Gleichbehandlung im Diskurs nicht nur falsch, sondern erweist auch den Rechten selbst einen Bärendienst. Die Partei erlangt dadurch ein Alleinstellungsmerkmal, das sie von allen anderen Parteien unterscheidet. Das ihr Aufmerksamkeit verschafft und ihr den Nimbus eines Renegades einbringt.

Punkt zwei: Es gelten Vorgaben, nach denen sich alle Diskursteilnehmer richten. Damit sind natürlich keine starren, sanktionierbaren Vorgaben gemeint, sondern soziale Normen, denen ein Streitgespräch folgen muss, damit es seine erklärende, vermittelnde und »klärende« Wirkung entfaltet. Diese sozialen Normen entsprechen im Wesentlichen der Gewaltfreien Kommunikation, die uns hilft, bewusster zuzuhören und unserem Gegenüber respektvolle Aufmerksamkeit zu schenken, und die uns gleichzeitig lehrt, uns ehrlich und klar auszudrücken. Das Konzept der Gewaltfreien Kommunikation entwickelte der amerikanische Psychologe Marshall B. Rosenberg mit seinem Grundlagenwerk *Gewaltfreie Kommunikation. Eine Sprache des Lebens*, als solche lässt sie sich mit allen Menschen, egal welchen Alters oder Geschlechts, unabhängig von ihrem kulturellen oder religiösen Hintergrund in den unterschiedlichsten Situationen anwenden. »Die Gewaltfreie Kommunikation gründet sich auf sprachliche und kommunikative Fähigkeiten, die unsere Möglichkeiten erweitern, selbst unter schwierigen Umständen menschlich zu bleiben«, schreibt Rosenberg in der Einleitung seines Buches.*

Eine dieser sozialen Normen ist, andere ausreden zu lassen. Eine wichtige Grundregel, die umso schwerer einzuhalten ist, je hitziger die jeweilige Debatte geführt wird (was in TV-Talkshows immer wieder zu beobachten ist). Wer nicht ausreden kann, wird wütend und steigert sich womöglich immer weiter in eine Diskussion hinein. Andere ausreden zu lassen trägt dazu bei, dass alle einen kühlen Kopf bewahren. Echtes Argumentieren und Dagegenhalten ist schließlich auch nur möglich, wenn das Gegenüber all das gehört hat, was die anderen zu sagen hatten.

Diskutieren ist kein Wettkampf, bei dem es darum geht, den anderen in Grund und Boden zu reden. In den Kategorien Sieger und Verlierer zu denken ist bei einer Diskussion wenig förderlich, weil es dann nicht mehr darum geht, jemanden inhaltlich zu überzeugen, sondern so zu argumentieren, dass der andere nichts mehr entgegensetzen kann. Dann mag man sich zwar als Sieger fühlen, aber der Diskurs ist gestört.

Es ist zudem wichtig, dass man seinen Standpunkt begründet. Es geht eben nicht nur darum, eine Meinung zu haben, sondern auch anderen begreiflich zu machen, wie man zu diesem Standpunkt gelangt ist. Etwa mit

* Vgl. Marshall B. Rosenberg, *Gewaltfreie Kommunikation. Eine Sprache des Lebens*, 12. überarbeitete und erweiterte Neuauflage, Paderborn 2016. Die folgenden sozialen Normen werden zitiert nach: »Elf Regeln für die gute Debatte«, *ZEIT für die Schule*, online abrufbar unter: https://www.zeitfuerdieschule.de/themen/gesellschaft/elf-regeln-fuer-die-gute-debatte/.

konkreten Beispielen oder inhaltlichen Argumenten. Damit eine echte Diskussion entstehen kann, sollten auch die anderen ihre Positionen auf diese Weise erläutern.

Daraus folgend ist es essentiell, einander aktiv zuzuhören. Also nicht nur pro forma ausreden und das Gesagte an sich vorbeiziehen lassen, sondern versuchen, Argumente und Beispiele nachzuvollziehen und zu verstehen, worum es dem Gegenüber wirklich geht. Hilfreich ist in diesem Zusammenhang, das Gehörte einmal zusammenzufassen, um zu erläutern, wie es bei einem selber angekommen ist, beispielsweise mit den Worten: »Wenn ich dich richtig verstanden haben, meinst du …«

Eine Diskussion lebt aber nicht nur davon, dass man sich gegenseitig zuhört und die verschiedenen Standpunkte klarmacht, sondern auch davon, dass man Fragen stellt. Am besten offene Fragen, also solche, die sich nicht einfach mit Ja oder Nein beantworten lassen. Offene Fragen demonstrieren aufrichtiges Interesse. Ein gutes Beispiel für eine diskussionseinladende Frage ist: »Warum glaubst du, dass …?«

Solche Fragen können auch helfen, Gemeinsamkeiten zu finden, die eine Diskussion möglicherweise zu einem wirklichen Austausch führen. Insbesondere dann, wenn man diese Gemeinsamkeiten ausdrücklich benennt und hervorhebt, etwa indem man sagt: »Wir sind also beide der Ansicht, dass …« Das hilft auch dabei, die Punkte herauszuarbeiten, bei denen die Diskutanten unterschiedliche Meinungen haben.

Wichtig ist in einer Diskussion, sogenannte »Whataboutism« zu vermeiden. Also beim Thema zu bleiben. Wenn beispielsweise über Rechtsextremismus diskutiert wird, kommt es häufig vor, dass an einem Punkt die Frage kommt: »Und was ist mit Linksextremismus?«. Dies ist vor allem dann der Fall, wenn Argumente ausgehen. Um das Gespräch wieder angemessen zu fokussieren, bietet sich eine Brücke an, im Stil von: »Ich habe den Eindruck, das ist ein anderer Punkt. Kannst du mir vielleicht erst noch erklären, wie du … gemeint hast?«

Was nie gut ankommt, ist, wenn in einer Diskussion der Eindruck entsteht, der eine wolle den anderen belehren. So wirkt es, wenn sich einer der Diskutanten überlegen fühlt und nicht mehr auf Augenhöhe argumentiert. Dies ist vor allem dann der Fall, wenn das Gegenüber moralisch abgewertet wird und sich somit »schlecht« verhält. Der Ausspruch »Autofahrer sind Mörder« hilft einer Diskussion nicht weiter, weil der andere gegen eine absolute Aussage argumentieren muss. Auch hier kann eine Möglichkeit sein, mit einer offenen Frage – etwa »Hast du schon mal darüber nachgedacht, dass …?« – ein Nachdenken anzustoßen.

Eng damit zusammen hängt die Grundregel, sachlich zu argumentieren. Also korrekte Informationen als Diskussionsgrundlage zu nutzen. Oder andersherum: auf faktische Fehler aufmerksam zu machen. Falsche Informationen, voreilige Schlüsse und Verallgemeinerungen – etwa wenn jemand von »den Juden« spricht – müssen nicht stehengelassen werden. Gezielt und konstruktiv angesprochen, können korrigierende Hinweise die Diskussion weiterbringen. Zu offensiv angemerkt, droht die Gefahr einer Konfrontation, die den Diskurs erschwert.

Im Lauf einer Diskussion ist es zudem immer hilfreich, einen Perspektivwechsel zu vollziehen, also sich in die Position des anderen hineinzuversetzen. Manche Argumentation verliert dadurch ihre Schärfe oder vermeintliche Unverständlichkeit.

Und schließlich gilt nach der Theorie der Gewaltfreien Diskussion die Grundregel: Ruhig bleiben! Auch wenn uns die Ansichten der anderen Diskussionsteilnehmer sehr verärgern und wir diese für problematisch halten. Konkret bedeutet ruhig bleiben: nicht brüllen, den anderen nicht kränken, nicht ins Wort fallen. Oder im aktiven Modus: das Gespräch entspannen und die Emotionalität offen ansprechen: »Ich merke, dass mich / dich dieses Thema wütend macht.«

Das Konzept der Gewaltfreien Kommunikation ist allerdings nicht ohne Kritik. Schon beim Durchlesen dieser Grundregeln fällt auf, dass sie von den Diskutierenden eine permanente Abstraktion erfordert: Wie verhalte ich mich? Wie kommen meine Worte an? Wie kann ich den anderen abholen? Und es setzt natürlich voraus, dass alle Diskussionsteilnehmer das Konzept kennen und verfolgen, sich also überhaupt auf diese Form der sprachlichen Auseinandersetzung einlassen wollen. Wenn das nicht der Fall ist, können diese Grundregeln kaum das gewünschte Ergebnis – eine unaufgeregte, konstruktive, verständnisvolle Diskussion – ermöglichen.

Weitere Einschränkungen sind *kulturelle Unterschiede*

(womöglich ist die Gewaltfreie Kommunikation in anderen kulturellen Kontexten nicht so effektiv), *ein unzureichendes Verständnis von Machtverhältnissen* (etwa bei Konflikten zwischen Arbeitgeber und Arbeitnehmer), eine *mangelnde Bereitschaft zur Zusammenarbeit* (wenn eine oder mehrere Personen nicht bereit sind, zusammenzuarbeiten oder sich auf die Methode einzulassen, kann die Gewaltfreie Kommunikation möglicherweise nicht effektiv sein) sowie eine gewisse *Zeitintensität* (Zeit und Geduld sind erforderlich).*

Nun ist das natürlich insgesamt eine sehr hehre Vorstellung davon, wie wir miteinander diskutieren. Ich bin nicht so realitätsfremd, anzunehmen, dass sich das künftig zu hundert Prozent umsetzen und durchhalten lässt. Aber es sollte eine Art innere Richtschnur sein, dafür, wie wir uns in den Medien, in der Politik, im gesellschaftlichen Miteinander insgesamt vielleicht konstruktiver auseinandersetzen.

Wenn wir aber diskutieren und merken, dass es keinen gemeinsamen Nenner geben kann? Wenn es unmöglich ist, sich »in der Mitte zu treffen«, einen Kompromiss zu finden, sodass jeder ein bisschen Recht bekommt? Was dann?

In diesem Fall gibt es drei Möglichkeiten: Wir können erstens versuchen, den anderen zu überzeugen; wir kön-

* Zitiert nach Daniel Frei, »Grenzen der Gewaltfreien Kommunikation«, www.danielfrei.ch. Der Autor zählt als weitere Einschränkung noch psychische Krankheiten wie bipolare Störungen auf.

nen zweitens dem anderen aus dem Weg gehen; oder wir können drittens den Streit per Abstimmung entscheiden – mit einem Verlierer und einem Gewinner.

Den anderen überzeugen können wir entweder über die moralische Ebene oder über die Vernunftebene (»Du hast einen Vorteil, wenn …«), wobei bei diesem Beispiel der durch Vernunft erlangte Vorteil auch realisiert werden sollte. Während die moralische Ebene sehr abstrakt ist (die Vorstellungen von Common Sense und Political Correctness unterscheiden sich je nach Sichtweise), funktioniert die Vernunftebene vor allem über die Trigger Zukunftsperspektiven, Wohlstand und Sicherheit.

Wir müssen aber auch akzeptieren lernen, dass nicht alle Positionen sich so biegen lassen, dass sie sich mit einer entgegengesetzten Position in einem Kompromiss verbinden lassen. Wenn, um ein etwas drastisches Beispiel anzubringen, das Hamas-Mitglied sagt: »Ich will alle Juden aus dem Land vertreiben«, aber der Israeli sagt: »Ich will hier bleiben«, kann es wohl kaum einen Kompromiss geben.

In solch einem Fall bleibt nur: auf Distanz gehen, sich aus dem Weg gehen. »Wenn Reden nichts mehr bringt«, schrieb Antonie Rietzschel bereits 2019 in der *Süddeutschen Zeitung* und skizzierte darin die Grenzen der vielen Gesprächsformate, die es inzwischen gibt und die die Bürger wieder in den Dialog bringen sollen. Der Journalistin ging es konkret um Projekte in Sachsen, die zeigten, dass der offene Diskurs »keine Allzweckwaffe« sei und »sogar Schaden« anrichte. So wie eine Veranstaltung mit einer Frau, die immer wieder auf fremdenfeindliche Tendenzen aufmerksam machte, und einem rechtspopulistischen Unternehmer; das Publikum war eingeladen, mitzureden. »Die Veranstaltung geriet zu einem Tribunal gegen jene, die sich angesichts zunehmender Hetze Sorgen machen. Wer das Grundgesetz zitierte, wurde von der Menge verlacht und ausgebuht ... Der Abend wurde zu einer hässlichen Machtdemonstration derer, die das demokratische System ablehnen.«

Auch der bekannte US-Psychologe Walter Mischel glaubt, dass Reden nicht uneingeschränkt hilft. Die meisten Menschen, schreibt er in seinem Buch *Der Marshmallow-Effekt*, bringe es nicht weiter, sich immerzu mit ihren negativen Gefühlen auseinanderzusetzen. Ganz im Gegenteil: »Statt [Menschen] zu helfen, ›die Erfahrung durchzuarbeiten‹, reaktiviert ihre endlose Grübelei den emotionalen Schmerz ... und reißt die Wunden wieder auf.« Das zeigen auch größer angelegte Studien: Wer viel über den eigenen seelischen Schmerz grübelt, wird später mit höherer Wahrscheinlichkeit depressiv.* Ähnlicher Meinung ist auch Manfred Lütz, Psychiater in Köln und Buchautor. In seinem Buch *Irre. Wir behandeln die Falschen* beschreibt er das am Beispiel depressiver Patienten: »Wenn [ein Depressiver] auch noch eine Dreiviertelstunde das Elend seines Lebens erzählen soll, dann geht es ihm danach mutmaßlich nicht besser, son-

* Susan Nolen-Hoeksema, »The role of rumination in depressive disorders and mixed anxiety/depressive symptoms«, in: *Journal of Abnormal Psychology* 109/3 (2000), S. 504–511.

dern jetzt geht es ihm erst richtig schlecht.« Die Psychotherapie hat also erkannt, dass es oft wenig bringt, sich in den eigenen Problemen zu suhlen.

Vielleicht ist da ja etwas dran. Vielleicht müssen oder sollten wir nicht permanent mit allen Menschen über die brisanten Themen dieser Zeit diskutieren, sondern auch einmal eine Pause davon nehmen. Ein Beispiel dafür, wie heilsam und nötig das sein kann, kommt aus der Traumapsychologie. Dort praktizieren Therapeuten seit Jahrzehnten etwas, das sie psychologisches Debriefing nennen. Nach einem traumatischen Erlebnis wie einem Erdbeben oder einem Brand spricht vielerorts ein Therapeut mit den Opfern: Gemeinsam rekonstruieren sie, was passiert ist und wie sich der Patient fühlt. Dann erklärt der Therapeut, dass einem Trauma emotionale Ausnahmezustände wie Panik, Flashbacks und Trauer folgen können. Der Haken beim psychologischen Debriefing: Das Darüber-Reden bringt nichts. Australischen Erdbebenhelfern, die Teil des Programms waren, ging es in den zwei Jahren danach nicht besser, und walisische Brandopfer, die debrieft wurden, entwickelten sogar deutlich häufiger eine posttraumatische Belastungsstörung als die, die man in Ruhe gelassen hat.* Statt des Debriefings könnte eine stupide Ablenkung helfen. Unfallopfer, die auf einem tragbaren Nintendo zwanzig Minuten Tetris

* Justin A. Kenardy et al., »Stress Debriefing and Patterns of Recovery Following a Natural Disaster«, *Journal of Traumatic Stress*, 9/1 (1996). Jonathan I. Bisson, »Randomised controlled trial of psychological debriefing for victims of acute burn trauma«, *The British Journal of Psychiatry* 171/1 (1997), S. 78–81.

spielten, wurden eine Woche später deutlich seltener von traumatischen Vorstellungen des Unfalls heimgesucht.*

Sich aus dem Weg gehen, auf Distanz gehen – bisweilen ist dieses Vorgehen ja auch akzeptiert und wird als positiv angesehen, etwa bei sogenannten *safe spaces* für Menschen mit Migrationshintergrund in einem ausländerfeindlichen Umfeld. Nun ergibt sich daraus aber die Frage, ob das auch für die »anderen«, für Rechte und Rechtsextreme gilt. Dass man ihnen einfach aus dem Weg geht und sie woanders sein lässt.

In Jameln im Landkreis Nordwestmecklenburg feierten 120 Nazis im April 1992 den Geburtstag Adolf Hitlers. Seither erscheint der Ort immer wieder als rechtsextreme Enklave. So zeigt ein Wegweiser im Dorf nach Braunau am Inn, Königsberg und Wien / Ostmark, eine Aufschrift auf einem Findling kündet von der »Dorfgemeinschaft Jameln: frei – sozial – national«, es gab unzählige, teils gewalttätige Übergriffe. Im Sommer baute der Moderator und Autor Michel Abdollahi für eine *Panorama*-Dokumentation im Dorf eine Holzhütte auf, um dort vier Wochen zu wohnen und mit den Rechten zu reden. Laut NDR taucht er ein in eine »Welt aus Volkszorn und Freundlichkeit«.

Aber andererseits: Sollten wir Menschen, die andere aufgrund ihrer Hautfarbe oder ihrer Nationalität verachten (und vernichten wollen), die den Holocaust leugnen und den Nationalsozialismus verherrlichen, die unsere

* Karin Clemens / Christian Lüdke, »Debriefing – werden die Opfer geschädigt?«, *Psychotraumatologie* 1/5 (2000).

Verfassung und Rechtsstaatlichkeit ablehnen, einfach aus dem Weg gehen? Koexistenz ist auch nur bedingt eine Option.

Die dritte Möglichkeit, einen nicht konsensfähigen Diskurs zu beenden, ist die Abstimmung. Wenn man so will, die demokratische Klärung der Machtfrage. Dafür braucht es einen rechtlichen Rahmen und klar definierte Prozesse. *Wer entscheidet? Wann kommt es zur Abstimmung? Auf Grundlage welcher Mehrheit kommt es zur Entscheidung?* Im Grunde sind Wahlen nichts anderes als Diskurse, die zunächst nicht konsensfähig sind und deshalb per Abstimmung entschieden werden. Dafür braucht es letztlich auch die Offenheit der Teilnehmer, eine bestimmte Frage zur Abstimmung zu stellen und danach den Mehrheitsentscheid zu akzeptieren.

All das zeigt: Den einen Weg, die eine Lösung für Streit, Diskussion und die verschiedenen Vorstellungen von unserem Zusammenleben gibt es nicht. Aber es gibt Möglichkeiten, wie wir zu einem offenen Diskurs gelangen können. Die Medien und die Universitäten als Orte der Meinungsbildung stehen hier in einer besonderen Verantwortung, wie in den beiden nächsten Kapiteln zu sehen sein wird.

7
Die Verantwortung der Medien

Lasst uns offen reden! Dazu gehört für mich auch die Arbeit meiner Zunft, des Journalismus. »Offen« bedeutet für mich in diesem Zusammenhang insbesondere, in alle Richtungen gleichberechtigt zu recherchieren, unabhängig von politischen und sonstigen strategischen Überlegungen. Gehen wir noch mal kurz zurück zu dem Beispiel, das ich zu Beginn des Buches anführte, die Kollegin, die sich wegen des für ARD-aktuell produzierten *Moscheereport* bei mir meldete und mir aufgebracht vorwarf: »Wissen Sie nicht, wem Sie damit Argumente liefern?« Solche Erwägungen dürfen für eine offene – also in allen Belangen gleichberechtigte – journalistische Arbeit keine Rolle spielen. Journalisten dürfen nicht in ein Korsett gezwungen werden, in dem sie antizipieren müssen, wer mögliche Rechercheergebnisse wie verwenden könnte, um sie dann möglicherweise nicht zu veröffentlichen. Das geht nicht!

Wie offen ist das, was wir publizieren? Den Medien und uns Journalisten kommt in einer Demokratie, einer offenen und freien Gesellschaft eine besondere Verantwortung und Rolle zu. In Nachrichtenformaten bilden wir die Wirklichkeit ab, damit sich Menschen über das aktuelle Zeitgeschehen informieren können. In investigativen Formaten decken wir Missstände auf, in Talkshows befragen wir Politiker, Unternehmer, Experten kritisch und lassen verschiedene Stimmen zu Wort kommen, damit sie Für und Wider einzelner Themen diskutieren.

Und wozu? Damit sich die Bürgerinnen und Bürger eine Meinung zu politischen und gesellschaftlichen Themen bilden können. Damit sie bei Wahlen informiert und überlegt eine demokratische Entscheidung treffen können. Es geht im Journalismus eben nicht darum, eine »richtige« (Wahl-)Entscheidung herbeizuführen, sondern darum, dazu beizutragen, dass derjenige, der eine Entscheidung trifft, dies in Wissen und Kenntnis der Zusammenhänge, Hintergründe und möglichen Konsequenzen tut. Journalismus orientiert sich dabei nicht, wie viele denken, an Objektivität, die es ohnehin nie geben kann. Sondern an Ausgewogenheit. Er sorgt dafür, dass eine Vielfalt an Perspektiven und Meinungen einfließt in die Berichterstattung.

Daran, wie ausgewogen wir berichten, regt sich durchaus Kritik. *Bild* und *Die Welt* etwa würden zur »Spaltung der Gesellschaft beitragen«, lautet ein häufiger, noch freundlich formulierter Vorwurf. Andere, auch Journalisten, bezeichnen bestimmte Medien als »Drecks-« oder »Hetzblätter«. Von der rechten Seite ist häufig der Vorwurf zu hören, vor allem öffentlich-rechtliche Medien hätten eine »linke Schlagseite«.

Immer wieder sehen sich auch einzelne Journalisten den Vorwürfen einer voreingenommenen und eben nicht ausgewogenen journalistischen Berichterstattung ausgesetzt.

Georg Restle vom ARD-Magazin *Monitor* beispielsweise polarisiert mit seinen knackig formulierten Beiträgen auf X – weil er vor allem konservative bis rechte Positionen ins Visier nimmt. Etwa wenn er mit Blick auf aktuelle politische Entwicklungen twittert, dass es »die konservativen Steigbügelhalter waren, die die Faschisten an die Macht brachten«. Im Gegenzug wird ihm vorgeworfen, unkritisch gegenüber linker Politik zu sein, wenn er zum Beispiel schreibt: »Selten gab es eine so überbordende politmediale Hetzkampagne gegen eine demokratische Partei wie gegen die Grünen.«

Julian Reichelt berichtet in seinem YouTube-Kanal und dem Portal NIUS immer wieder über Kriminalität von Menschen mit Migrationshintergrund und macht rot-grüne Politik für Drogenprobleme und den Verlust von Wohlstand in Deutschland verantwortlich – weshalb ihm manche vorwerfen, zur Spaltung der Gesellschaft beizutragen und Ressentiments gegen bestimmte Menschengruppen zu schüren.

Es gibt zahlreiche weitere Beispiele.

Ist an den Vorwürfen einer voreingenommenen und einseitigen Berichterstattung etwas dran? Oder ist das nur überzogenes, verleumderisches Geheule?

Nun, es gibt wohl wenige Länder, in denen eine solche Vielfalt an Medien mit unterschiedlichen Perspektiven existiert. So werden in Deutschland über 350 Zeitungen (überwiegend lokal erscheinende, aber auch Wochen- und Sonntagszeitungen), rund 2500 Publikumszeitschriften und 3700 Fachmagazine publiziert. Der Fernsehzuschauer hat die Wahl zwischen rund 480 privaten Programmen sowie Pay-TV- und Streamingangeboten. Im Jahr 2022 sind über 63 000 Buchtitel erschienen, etwas weniger als fünfzig Prozent entfallen auf Ratgeber sowie Sach- und Fachbücher zu verschiedenen Themenbereichen (die übrigen Prozente entfallen auf die Belletristik und das Kinder- und Jugendbuch). Und circa 63 Millionen Menschen in Deutschland sind regelmäßig online und nutzen das weitestgehend frei zugängliche Internet.

Ein Mangel an verschiedenen Betrachtungen besteht in Deutschland also wahrlich nicht. Ein genauerer Blick offenbart jedoch durchaus bedenkliche Entwicklungen. Zum Ersten eine sich verstärkende Polarisierung zwischen den einzelnen Medien. Zum Zweiten auch hier eine Abkehr von der Argumentations- hin zur Moralebene. Und zum Dritten bisweilen (!) eine Unwucht in der Themenauswahl.

Dass sich Medien wegen einer expliziten oder vermuteten Grundhaltung konträr gegenüberstehen, ist nichts Neues. So definiert sich die *tageszeitung* explizit als »links«, die *Junge Freiheit* dagegen versteht sich als »rechtskonservativ«. *Der Spiegel*, die *Frankfurter Rundschau*, die *Süddeutsche Zeitung* – linke Medien, so die allgemeine Zuschreibung. *Cicero* und *Neue Zürcher Zeitung* werden hingegen als streng konservativ bis rechts wahrgenommen. Beim öffentlich-rechtlichen Rundfunk wurde eine linke Tendenz bereits in den 1970er Jahren vermutet. Damals kam auch das Schlagwort »Rotfunk« in Mode, etwa für den WDR oder Radio Bremen, da in beiden Sendern die SPD über den Intendanten entschied. Der BR galt hingegen lange als konservativ.

Aber nicht nur was die politischen Lager anbelangt, auch themenbezogen gibt es eindeutig konträre Haltungen. So haben sich die Medien aus dem Axel-Springer-Konzern seit jeher eine Israel-freundliche Grundhaltung auf die Fahnen geschrieben, die der vieler anderer Medien entgegensteht. Bereits 1967 formulierte Axel Springer bei einer Rede im Übersee-Club vier journalistische Grundsätze, von denen einer lautete: »die Aussöhnung zwischen Juden und Deutschen; dazu gehört auch die Unterstützung der Lebensrechte des israelischen Volkes«.*

Diese eindeutige Lagerzuweisung hat sich in den vergangenen Jahren drastisch verschärft – vor allem auch, weil Journalisten untereinander eine solche immer wieder vornehmen beziehungsweise sich gegenseitig vorwerfen. Nicht selten in den sozialen Medien, wo der Ton ohnehin weniger höflich ist. Klaus Meier, Professor für Journalistik an der Katholischen Universität Eichstätt-Ingolstadt, sagte in einem Interview, dass die unterschiedliche Positionierung von Zeitungen einer Demokratie guttue, dass aber der sogenannte Kampagnenjournalismus, der sich gegen eine bestimmte Person oder ein politisches Projekt richtet, kein hochwertiger Journalismus sei, sondern eher in den Bereich der politischen Propaganda oder des *negative campaign* falle.**

* Zitiert nach https://www.axelspringer.com/de/inside/es-gilt-das-freie-wort.

** Zitiert nach https://uebermedien.de/93000/wieso-haben-zeitungen-eine-politische-ausrichtung/.

Die Folge einer verschärften Lagerzuordnung ist, dass die Lebensrealitäten, die in den Medien wiedergegeben werden, immer weiter auseinandergehen. Bestimmte Themen werden in dem einen Medium angesprochen, in dem anderen aber nicht. Während die *Bild* prominent über einen »Messerstecher« berichtet (etwa in der Rubrik »Breaking News«) und dabei nicht selten auf die Herkunft des Täters abhebt, erfährt man darüber bei anderen Tageszeitungen nichts (oder zumindest nicht prominent). Die *Süddeutsche Zeitung* könnte hingegen über Diskriminierungstendenzen in der Medizin berichten, über die man wiederum in der *Bild* nichts lesen kann. »Wir wollen in der Demokratie eben nicht, dass alle das Gleiche auswählen«, sagte Klaus Meier. »Aber wenn wir diese demokratische Idealvorstellung der Vielfalt zu stark betreiben, kommen wir in Konflikt mit einer anderen demokratischen Idealvorstellung: Dass Medien eine gewisse Orientierung geben für die Gesellschaft, für Politik und die Bürger.«

Die unterschiedlichen Lebensrealitäten sind letztlich vor allem eines: Realitäten! So wie es eine unbestrittene, weil statistisch erfasste Zunahme an Messerdelikten gibt, so sind Fragen von Diskriminierung für viele Menschen im Land relevant. Indem aber das eine sehr präsent abgebildet wird und das andere eher nicht, wird der eigentliche journalistische Anspruch, der Ausspruch »Sagen, was ist« von Rudolf Augstein, möglicherweise unterminiert.

Wahrscheinlich wäre das aber nicht einmal das Problem – denn wie ich gerade zu Beginn des Kapitels erwähnte, werden in Deutschland aufgrund der schieren Vielfalt an Medien und Publikationen alle erdenklichen Perspektiven und Positionen abgedeckt. Hinzu kommt jedoch noch ein weiterer Punkt: die zunehmende Abkehr von der Argumentations- hin zur Moralebene. Die Lagerzuordnung gepaart mit einer vorwiegend moralischen Argumentation führt den Jouralismus immer weiter weg von einem Diskurs mit Vielfalt.

Ein Beispiel: Der »rant« des Börsenchefs Theodor Weimer. Er sagte bei einer Rede im Bayerischen Hof in München Anfang Juni, er habe gerade sein achtzehntes Treffen mit Vizekanzler und Wirtschaftsminister Robert Habeck hinter sich, »und ich kann Ihnen sagen, es ist eine schiere Katastrophe«. Zu Beginn von Habecks Amtszeit sei er sogar begeistert gewesen, der Minister habe gut zugehört und ein paar Dinge richtig gemacht. Mittlerweile aber kämen »die Fundamentalisten immer mehr durch«. Und weiter: »So schlecht wie jetzt war unser Ansehen in der Welt noch nie. Noch nie!« Deutschland sei auf dem Weg zu einem Entwicklungsland.

War das sehr pauschalisierend? Ja! War es übertrieben? Ja, natürlich, denn dass Deutschland nun ein Entwicklungsland werde, ist keine realistische Beschreibung, wie man allein am Pro-Kopf-Einkommen leicht erkennen kann. Darf er trotzdem so reden? Ja, natürlich! Die Äußerung des Börsenchefs fällt unter die Meinungsfreiheit, ob es einem gefällt oder nicht. Wenn einem das Ganze nicht gefällt, oder man es eben inhaltlich für falsch hält, gibt es mehrere Möglichkeiten, sachlich dagegenzuhalten. Also das Gesagte mit Argumenten zu entkräften. Doch stattdessen hieß es, die »Wortwahl sei spaltend«, die Kritik erfolge »sehr zur Freude rechter Kreise« (*Süddeutsche Zeitung*), der »Angriff« sei »oberflächlich und unterkomplex« (*Spiegel*), Weimer habe schlicht »Dax und Demokratie verwechselt« (*Die Zeit*). Mit diesen Kommentaren hat man es wunderbar vermieden, sich inhaltlich mit einer zugegebenermaßen spitzen Rede auseinanderzusetzen. Stattdessen wird vermittelt: Der steht mit seiner Position der AfD nahe, zudem ist er ein bisschen dumm und aggressiv. Kurzum: Was der sagt, darauf braucht man nichts zu geben.

Ein anderes Beispiel, ebenfalls vom Juni 2024: Die Journalistin und Friedenspreisträgerin Carolin Emcke rief auf der re:publica dazu auf, kontroverse Debatten abzuschaffen. Wörtlich sagte sie:

> »Ich würde wirklich dazu aufrufen, dass niemand, der eingeladen wird, in einer Rahmung, die Pro und Kontra heißt, teilzunehmen, ich würde wirklich inständig darum bitten, das ist einfach, es muss, es muss aufhören, wir müssen aufhören, diese Rahmung zu bedienen, ja, es wird uns beständig vorgemacht, es gäbe zu allen Fragen gleichermaßen wertige, gleichermaßen vernünftige einander widersprechende Positionen – das ist mit Verlaub einfach Bullshit … Also bitte lesen sie den Kram nicht, gehen Sie bitte nicht in Formate, lassen Sie sich nicht einladen zu diesen Formaten … es ist wirklich eine

systematische Zerstörung von vernünftigem, rationalem, differenziertem Diskurs … Man muss es abschaffen.«

Die Reaktionen vor allem von konservativer und rechter Seite waren heftig: Emcke habe ein »gruseliges Zeugnis woker Doppelmoral« abgeliefert (*Cicero*), sie plädiere »in vulgo für die Diktatur« (*Tichys Einblicke*), überhaupt spreche aus ihr »Demokratieverachtung«. Aber auch hier stellt sich die Frage: Darf sie das? Natürlich darf sie das! Es muss nicht jedem Journalisten gefallen, und man könnte auch in diesem Fall einfach dagegen argumentieren. Doch stattdessen passiert hier dasselbe wie bei Weimer: Die Äußerung wird als moralisch verwerflich bezeichnet, als undemokratisch, diktatorisch und woke.

Wie kommt man nun als Journalist dazu, die sachliche Ebene eklatant zu verlassen? Es steckt wohl die tiefe Überzeugung dahinter, dass etwas falsch, unseriös, gefährlich ist. Des Weiteren ein Verantwortungsgefühl und eine Betroffenheit, die es einem abverlangt, den Seitenrand zu verlassen, nicht mehr nur zu beobachten, zu beschreiben, sondern aufzurütteln, auf eine Gefahr hinzuweisen, die einer Äußerung innewohne. Nicht zuletzt der feste Glaube, dass man doch nicht an etwas Offensichtlichem zweifeln könne. Beim Klimawandel etwa, da könne es doch keine zwei Meinungen haben.

Bevor es hier ein Missverständnis gibt: Ich persönlich bin keinesfalls ein »Klimaleugner«, darum geht es an dieser Stelle auch nicht. Die pauschalisierende Verurteilung jeder Diskussion in diesem Kontext verschweigt jedoch eines: Dass man sehr wohl diskutieren kann und sollte, welche Maßnahmen realistisch und sinnvoll sind und welche nicht.

Aber zurück zu der festen Überzeugung, dass etwas richtig und etwas anderes falsch ist. Diese ist menschlich und nachvollziehbar. Aber weder hilft sie der Akzeptanz des Journalismus, noch verfängt sie bei Personen, die ohnehin anderer Ansicht sind, oder bei Personen, die sich nur informieren wollen. Hier schreckt die unverrückbare Kategorisierung in »richtig« und »falsch« eher ab oder irritiert.

An dieser Stelle ist wichtig zu betonen: Nicht alle Journalisten agieren so, ganz im Gegenteil. Es sind einige wenige, die sehr laut sind und damit dem Journalismus einen Bärendienst erweisen. Ich spreche aus Erfahrung, wenn ich an ein, zwei Berichte zu meinen Islam-Büchern denke. Da wurden Nazi-Vergleiche gezogen, selektiv zitiert, um einen bestimmten Eindruck zu erwecken. Bei der Mehrheit derjenigen, die das Buch gelesen haben, kamen jedoch mehr Zweifel am Zustand des Journalismus auf als an meiner Arbeit. Weil offensichtlich war, dass es bei vielen angeführten Wortmeldungen zum Thema Islam nicht um eine ernsthafte sachliche Auseinandersetzung ging.

Seit Anfang der 2000er Jahre existiert für dieses Phänomen der Begriff des »Haltungsjournalismus«. Inzwischen ist er recht geläufig und wird auch innerhalb der Medienbranche ganz selbstverständlich verwendet. Dabei lässt er sich zum einen nicht exakt definieren und auch nicht eindeutig abgrenzen etwa von den Begriffen

»Meinungs-« und »Gesinnungsjournalismus«, zum anderen hat er die Akzeptanz journalistischer Arbeit arg beschädigt. In meinem Alltag erlebe ich auf Schritt und Tritt, dass mich Personen auf der Straße, Politiker (aus unterschiedlichsten Lagern) bei Veranstaltungen, Bürger bei Dreharbeiten ansprechen und sagen: »Ihr macht ja Haltungsjournalismus!«.

Ist dieser Vorwurf erst einmal in der Welt, wird es schwierig, ihn wieder abzuschütteln. Dabei ist es meiner Wahrnehmung nach die überwältigende Mehrheit der Journalisten, die sich der eigentlich klassischen journalistischen »Grundhaltung« verpflichtet fühlt. Aber in den wenigen Fällen, in denen sie nicht beachtet wird, ist der Journalismus im Kern bedroht und damit letztlich auch seine Akzeptanz.

Die klassische journalistische »Grundhaltung« – die Wirklichkeit und verschiedene Perspektiven darauf abzubilden – fehlt vor allem in den Räumen, in denen grelle, auffällige Stimmen besonders laut erscheinen: online. Dort, wo die Grenzen zwischen Journalisten und Aktivisten, zwischen Berichten, Kommentaren auf der einen und Beschimpfungen und Manipulation auf der anderen Seite vollkommen verschwimmen. Ja, man kann es als eine Form größtmöglicher Freiheit betrachten, dass jeder und jede an einem Diskurs teilnehmen kann. Dass Meinungen, Bilder, Videos über Ländergrenzen hinweg Verbreitung finden. Für den Journalismus ist dies jedoch eine ernst zu nehmende Bedrohung.

Die dritte problematische Tendenz, die ich innerhalb der Medien beobachte, ist eine Unwucht bei der Themenauswahl. Whataboutism steht nach der Theorie der Gewaltfreien Kommunikation einer konstruktiven Diskussion im Weg, weil es von der Ursprungsfrage ablenkt. Auf der anderen Seite gibt es bei der Betrachtung verwandter Diskussionsthemen doch eine wichtige Komponente, nämlich die Frage der Gleichbehandlung der Debatten an sich. Man muss und darf die katholische und evangelische und jede andere Kirche kritisieren. Dann muss das aber für Moscheevereine auch gelten. Man darf und muss Sexismus kritisieren, aber dann auch in alle Richtungen.

Die Akzeptanz bestimmter kontroverser Themen, die wir medial diskutieren, erfordert es, dass sie nicht gegeneinander ausgespielt werden, dass sie nicht als Machthebel eingesetzt werden, sondern dass ein besseres, respektvolleres, sensibleres Miteinander im Vordergrund steht. Es geht eben nicht um Opferneid oder den Wunsch, auch im Mittelpunkt einer Debatte zu stehen. Sondern: Debatten wie die beispielhaft genannte um Sexismus treten mit dem Versprechen an, die Welt besser zu machen. Den Umgang miteinander respektvoller und vor allem eines: gerechter zu gestalten. Und dieses immanente Versprechen wird nicht eingelöst, wenn es eben nicht für alle in allen Situationen gleichermaßen gilt. Die Gleichbehandlung ähnlicher Phänomene in der journalistischen Arbeit ist ein entscheidender Grundsatz zur Gestaltung des offenen Gesprächs, des Diskurses mit Vielfalt.

Mein aktueller Befund lautet: Der Zustand des Journalismus ist besser als sein derzeitiger Ruf, aber die Branche steht unter Druck – von außen, aber auch von innen. Das Problem ist, dass sich eine medien- und journalismuskritische Haltung bereits bis tief in die Mitte der Gesellschaft eingeschlichen hat.

Was also tun?

Diese Frage grundsätzlich und ausführlich zu beantworten würde den Rahmen dieses Buches sprengen. Ich möchte deshalb noch einmal zu einem Punkt zurückkommen, der mir sehr zentral und problematisch erscheint: dem Vorwurf, dass Mitarbeiter eines Mediums mehrheitlich in einer bestimmten Weise politisch geprägt sind und somit gar nicht objektiv berichten können. Unabhängig davon, ob an dem Vorwurf etwas dran ist oder nicht – allein die Unterstellung zieht sämtliche Berichterstattung in Zweifel. Die Bekräftigung, natürlich könne man, egal welchem politischen Lager man sich zugehörig fühle, objektiv über das Gendern oder Verbrenner berichten, überzeugt kaum noch, und der Vorwurf entfaltet immer mehr seine zersetzende Wirkung. Er untergräbt die Glaubwürdigkeit – und das immer genereller, nicht nur bei denjenigen, die man ohnehin nicht mehr erreicht.

Dabei erscheint eine Lösung zu einfach: Echte Diversity!

Diversity bei denen, die in der Berichterstattung zur Sprache kommen: Mit Menschen sprechen, die man nicht mag und nicht versteht – und das auf originär journalistische Weise. Eben doch Pro und Kontra, mit vielen

Perspektiven, mit weniger Haltung und Wertung und darauf vertrauend, dass die meisten Menschen, wenn sie mit echten Fakten und verschiedenen Meinungen »versorgt« werden, eine irgendwie vernünftige Entscheidung fällen. Akzeptieren, dass es Ansichten gibt, die den eigenen fundamental entgegenstehen. Und trotzdem sachlich bleiben und keine moralische Delegitimierung betreiben. Also ein inhaltliches Diversity-Verständnis. Diversity heißt eben nicht: Die Leute sollen unterschiedlich aussehen, aber möglichst das Gleiche denken. Nur so können wir sicherstellen, dass wir alle Menschen mitnehmen!

Als Denkanstoß, wie ein solches Diversity-Modell aussehen könnte, ein spannendes – zugegebenermaßen etwas extremes – Beispiel aus dem Ausland, genauer: aus den Niederlanden. Wenn wir ohnehin alle einem Lager, einer Haltung zugeordnet werden, wäre es – so scheint man sich dort überlegt zu haben – nicht besser, man macht sich ehrlich und sieht das als Teil der Job Description? Ein solcher Ansatz wird vom niederländischen öffentlich-rechtlichen Rundfunk »Nederlandse Publieke Omroep«, kurz NPO, praktiziert. Hier versucht man tatsächlich gar nicht erst, ein Programm für alle zu machen, in dem man möglichst ausgeglichen berichtet. Sondern verschiedene gesellschaftliche Gruppen bekommen jeweils einen eigenen Sender innerhalb des Sendeverbunds.

Anders aber als in Deutschland, wo der Sendeverbund aus regionalen Anstalten besteht, repräsentieren die niederländischen Gesellschaften eine bestimmte Bevölkerungsgruppe und / oder eine bestimmte Grundtendenz. Das können religiöse Gemeinschaften sein, Senioren oder Jugendliche, aber es können auch gewerkschaftliche Ziele verfolgt oder rechtspopulistische Ansichten vertreten werden. Die Hauptrundfunkgesellschaften sind als Vereine organisiert, deren Mitglieder einen Beitrag bezahlen. Von der Anzahl der Mitglieder – es müssen minimum 50 000 sein – hängt ab, wie viel Bezuschussung die einzelne Rundfunkgesellschaft vom Staat und aus den Werbeeinnahmen erhält. Zusätzlich zu den Vereinen gibt es Stiftungen für das Rahmenprogramm, die dem Informations- und Bildungsauftrag nachkommen.*

Der Nachteil dieses Modells ist sicherlich, dass der Raum für Menschen, die gerade nicht zugeordnet werden wollen oder denen das schwerfällt, weil es eben keine komplette Übereinstimmung gibt mit einem bestimmten Lager, sehr gering ist oder sogar komplett verschwindet. Zudem ist dieses Modell nicht davor gefeit, dass sich einzelne Anstalten gegenseitig bekämpfen. Umstritten ist vor allem ON!, das Sprachrohr für die Nicht-Gehörten sein möchte (so steht ON für Ongehoord Nederland, »nicht angehörte Niederlande«) und dem rechtspopulistischen Lager zuzuordnen ist. ON! führt wohl eine Kampagne gegen den öffentlich-rechtlichen Nachrichtensender NOS, sodass der niederländische Medienminister meinte, die »systematische Herabsetzung der NOS« müsse ein Ende haben und »innerhalb des öffentlichen

* Für eine ausführlichere Darstellung siehe https://de.wikipedia.org/wiki/Nederlandse_Publieke_Omroep.

Rundfunks« sei »kein Platz für die Verbreitung von unzuverlässigen Nachrichten und Desinformation«.

Und dennoch ist der Ansatz ein hoch spannender, der zeigt, wie Diversität in einem Medienverbund gestaltet sein kann. Etwas Vergleichbares gibt es in Deutschland nicht. Es gibt allerdings Medienkonzerne, die Zeitungen in ihrem Portfolio haben, die durchaus unterschiedliche Gruppierungen ansprechen: Die *Nürnberger Nachrichten* und die *Nürnberger Zeitung* gehören zum selben Konzern, bedienen aber mit zwei voneinander getrennten Chefredaktionen grob zwei unterschiedliche Zielgruppen: die *Nürnberger Nachrichten* sprechen eher das linksliberale Publikum an, die *Nürnberger Zeitung* eher das bürgerlich-konservative.

8
Die Rolle der Universitäten

Nun ist mediale Berichterstattung und die Frage, wie ausgewogen, wie objektiv, wie unparteiisch sie ist, schon sehr lange Gegenstand vieler erhitzter, aber auch sachlicher Diskussionen. Worüber wir erst seit Kurzem intensiver debattieren, ist die Frage, wie der Diskurs an den Universitäten geschieht, nicht nur bei uns, sondern auch in anderen westlichen Ländern.

»Wieso hast du dich denn auf diese Lesung an der Uni eingelassen?«, fragte mich eine Bekannte, die als Politikerin tätig ist, nach dem Vorfall an der Uni Jena. »Man weiß doch, was da los ist!« Wirklich, weiß man das?

Dass es an Unis politisch interessierte, engagierte und äußerst diskussionsfreudige Studierende gibt, ist ja nicht neu und liegt sicherlich auch in der Natur der Sache: Wenn man jünger beziehungsweise im Studentenalter ist, gilt es ja noch, die Welt, ihre Strukturen und Gesellschaftsformen ein Stück weit zu entdecken, zu ergründen und eben auch besonders kritisch zu hinterfragen. Man ist vielleicht etwas sensibler, was Ungerechtigkeiten und Widersprüche anbelangt, als in späteren Jahren, wenn man manches in ein anderes Verhältnis setzt, weil man auch andere Systeme und staatliche Strukturen kennengelernt hat als die unseren.

Das war bei mir Ende der 1990er Jahre nicht anders. Im niederbayerischen Passau war ich sicherlich einer der unangepassteren Studenten in einem sehr konservativ geprägten Umfeld und stand den festen Ordnungen dieser sehr traditionellen Umgebung durchaus kritisch gegenüber. Später, als ich als Korrespondent drei Jahre lang in Dubai lebte, bereiste ich von dort aus weite Teile des Nahen Ostens und Nordafrikas. Ich war unterwegs in Somalia, Tschad, dem Sudan und anderen afrikanischen Staaten, was mir damals erst so richtig vor Augen führte, welches Glück wir haben, in einem Land zu leben, in dem es Schulen, Ärzte, Recht und Ordnung und viele weitere Strukturen gibt, auf die wir uns verlassen können. Während ich in Dubai sah, wie ein Land zwar reich sein, aber dem Einzelnen keinerlei Möglichkeit zur Teilhabe bieten kann. Ich bin durch meine Reisen schlussendlich zu der Erkenntnis gelangt, dass man das »System« bei uns nicht komplett revolutionieren muss. Es ist nicht alles schlecht. Vielmehr geht eher darum, auf hohem Niveau die dennoch existierenden Probleme zu managen.

Seit Ende der 1960er Jahre sind Universitäten Orte des politischen Widerspruchs, ganz allgemein gegenüber den Mächtigen, Regierenden oder herrschenden Bedingungen. Dieser Widerspruch ist gerne lautstark und manchmal auch übergriffig (und erst einmal ist gar nicht entscheidend, ob er aus dem linken oder eher aus dem konservativen Lager kommt). Im Frühjahr und Sommer 2024 sehen wir das an den zahlreichen Protesten gegen den Krieg in Gaza.

Ich bin der Meinung, dass sich dahinter grundsätzlich etwas Positives verbirgt. Nämlich der Wunsch, sich für das »Gute« einzusetzen. Die Gesellschaft, die Welt gerechter, fairer, besser zu machen: mehr Chancen für Menschen aus unterprivilegierten Verhältnissen, die Gleichbehandlung von Männern und Frauen, eine Gesellschaft, in der Diskriminierung keinen Platz hat. Das alles sind Werte, für die es sich einzutreten lohnt, nun da wir aus den Fehlern der Vergangenheit gelernt haben.

Neuerdings verknüpfen sich diese Werte jedoch mit Positionen und Gruppen, die eigentlich gar nicht dazu passen, weil sie, wie es der Jurist ausdrücken würde, keine gemeinsame Geschäftsgrundlage haben. Das sage ich nicht als Meinung, sondern das ist eine sachliche, analytische Beobachtung.

Ich bleibe, um das zu veranschaulichen, bei meiner eigenen Geschichte und blicke zurück auf meine Zeit als »Islam-Experte« – einen Titel, den ich mir selber nie gegeben habe, den ich mir nicht zu eigen mache und daher hier allenfalls in Anführungszeichen verwende. Als Journalist gehe ich stellvertretend dorthin, wo andere – aus welchen Gründen auch immer – nicht so häufig sind oder nicht so häufig sein können. Das ist klassischer Reportage-Journalismus. So habe ich als Reporter von der sogenannten Balkanroute berichtet, vom Tschadsee, aus Klöstern oder eben Moscheen, um der Öffentlichkeit einen Eindruck von verschiedenen Lebensrealitäten zu vermitteln.

Dabei ging es in meiner Arbeit nie um *den* Islam, um den Glauben an sich, sondern um die verschiedenen

Ausprägungen, sprich: Strukturen und Organisationen. Und auch darum, wie der Glaube immer wieder von der Politik instrumentalisiert wird, beispielsweise in der Türkei unter Präsident Recep Tayyip Erdoğan. Oder etwas konkreter, mit Blick auf die Moscheen: Die Frauenbereiche dort sind in der Mehrzahl häufig kaum größer und besser ausgestattet als eine Besenkammer. Und das ist keine Übertreibung. In einer bengalischen Moschee in Hamburg sollte sich meine Kollegin, die mich begleitete, in eine wenige Quadratmeter große Abseite hinter einem Vorhang zurückziehen. Was die Rolle der Frau, der Umgang mit nicht-heterosexuellen Minderheiten und das Verhältnis zu anderen Religionen anbelangt, gibt es im Islam viele diskussionswürdige Punkte. Wobei ich stets auch positive Ansätze und Beispiele hervorgehoben habe (genauso wichtig ist die kritische Berichterstattung in Sachen evangelische und katholische Kirche; in den letzten Jahren wurde ja auch intensiv über das Fehlverhalten Einzelner und die Mängel des Systems berichtet).

Warum thematisiere ich das? Weil ich davon überzeugt bin, dass Gleichbehandlung, die Freiheit von Diskriminierung und Religionskritik Werte sind, die unverhandelbar zu unserer Gesellschaft gehören. Und im Grunde sind dies auch Werte, für die sich die Linken – und auch die Studierenden – in Deutschland stets eingesetzt haben.

Seit einigen Jahren jedoch gilt der Ansatz, dass selbst muslimische Organisationen kritisch zu hinterfragen als islamophob oder rechts gelabelt wird. Dahinter steht der Vorwurf, dass man Personengruppen oder eben eine ganze Religion aburteile. Das ist natürlich Quatsch, denn genau darum geht es ja nicht. Ohnehin muss man klar sagen: Organisationen wie die Grauen Wölfe (türkische Rechtsextremisten), die Hamas oder der IS sind keine verfolgten Unschuldigen, sondern gefährliche Fanatiker. Wer dem nicht zustimmt, hat ein echtes Problem, zwischen gerechtfertigtem Widerstand und Terrorismus zu unterscheiden. Und das losgelöst von den Fragen: Was steckt dahinter? Was ist der Ursprung dieser Gewalt? (Oft wird hierbei auf den Kolonialismus und die Nahost-Politik der letzten Jahrzehnte verwiesen.)

Plötzlich ist also eine Recherche, getragen von der Frage, wie es um die Geschlechtergerechtigkeit in einer Organisation beziehungsweise in religiösen Institutionen steht, aus aktivistischer, studentischer Sicht rassistisch. Was passiert ist, ist Folgendes: Junge Menschen, die sich als links definieren, die Welt gerechter machen wollen, sprechen plötzlich für konservative, patriarchale Strukturen, ohne es zu merken.

Dieser Widerspruch existiert seit Jahren, er ist aber nach dem Terrorangriff der Hamas auf Israel vom 7. Oktober 2023 nun offen zutage getreten. Wenn eine Organisation wie »Queers for Palestine« Parolen der Hamas übernimmt, sollte für jeden offensichtlich sein: Hier tun sich Gruppen zusammen, die inhaltlich nichts miteinander gemein haben und wo die eine – in diesem Fall »Queers for Palestine« – sich zumindest dem Anschein nach instrumentalisieren lässt.

Es geht auch in diesem Fall überhaupt nicht um die Frage nach Hintergründen des Konflikts und des Krieges, nach den Ursachen, der Schuld des Westens. Das sind alles Punkte, die man kontrovers und aus verschiedenen Perpsektiven betrachten kann. Hier geht es einzig und allein um den allfälligen Widerspruch, dass sich studentische, linke Aktivisten als Fürsprecher einer radikalen Weltanschauung positionieren, die allem widerspricht, wofür sie sich eigentlich einsetzen wollen: die Werte einer freiheitlich-demokratischen Ordnung, die Errungenschaften der Aufklärung.

Das könnte man nun einfach als absurd und widersprüchlich bezeichnen – wenn diese Haltung nicht, so scheint es zumindest, einem neuen studentischen Mainstream entspräche. Jedenfalls bestimmen diese Positionen aktuell die öffentliche Wahrnehmung, weil sie eben sehr laut und im schlimmsten Fall auch übergriffig sind.

Aus diesem Grund fragen sich inzwischen viele: Sind Universitäten noch Orte des offenen Diskurses? Ich würde da aktuell ein großes Fragezeichen setzen. Christian Zaschke schrieb Ende April 2024 in der *Süddeutschen Zeitung* über die Zustände an der Columbia University in New York, wo der Campus von propalästinensischen Demonstranten belagert und Juden bedroht wurden. In seiner Reportage befragt Zaschke Mark Lilla, Professor für Ideengeschichte an der Columbia, einen »kühlen Denker und luziden Analytiker«. Er sagt, diese Generation der Studierenden habe erstens ein übersteigertes Sicherheitsbedürfnis. Die Universitäten hätten »geholfen, dieses Gefühl bei ethnischen und sexuellen Minderheiten immer ausgeprägter werden zu lassen«. So komme es, dass »eher gewöhnliche Vorfälle – was meistens bedeutet, Meinungen zu hören, die man lieber nicht hört – zu unverhältnismäßigen Reaktionen führen«. Zweitens sei diese Generation nicht an intellektuelle Konflikte gewöhnt. Die Studentinnen und Studenten in seinen Seminaren vermieden es zunehmend, einander zu widersprechen, »weil sie die Gefühle der anderen nicht verletzen wollen oder Sorge haben, dass ihre Äußerungen später in sozialen Medien falsch dargestellt werden. Das bedeutet, dass sie nicht wissen, wie man streitet«, sagt Lilla.

Wie gehen Unis mit dieser Situation um? In meinem Fall, der Tortengeschichte, habe ich mich mit der Uni Jena verständigt. Die Leitung hat sich bei mir entschuldigt, im Herbst 2024 findet eine Veranstaltung zum Thema Meinungsfreiheit statt. Aber: Wie ich in dem Interview mit der *Zeit* schon sagte, vermittelte man mir unmittelbar nach dem Vorfall sehr klar die Haltung, dass es sich bei linkem Aktivismus eher um eine Art »liebenswerte Exzentrizität« handelte. Einmal hätten linke Studenten über mehrere Wochen einen Hörsaal besetzt – man ließ sie einfach gewähren. Wenn wir uns die antiisraelischen Proteste an deutschen Universitäten anschauen, entsteht ebenfalls der Eindruck, dass man vieles einfach laufen lässt. Warum? Eine Kollegin sagte, die Aktivisten »hätten so lustige, grüne Haare«. Die Wahrnehmung der Demonstranten und Aktivisten scheint also folgende zu sein: irgendwie lustig, etwas drüber, aber harmlos. Und genau das sind sie ja nicht. Auch in Berlin beklagen jüdische Studenten, dass sie sich an Universitäten nicht mehr sicher fühlen würden.

Ja, Universitäten sind Orte der Diskussion und des Streits, wo Menschen unterschiedlicher weltanschaulicher Perspektiven aufeinandertreffen. Und das ist gut so! Das ist Demokratie und das ist die offene Gesellschaft, in der wir leben. Aber diese Offenheit bedeutet eben nicht, alle Formen des Protests zuzulassen. Vielmehr haben die Institutionen die Verpflichtung, einen sicheren Rahmen für alle Meinungen und Ansichten zu garantieren, einen Raum, in dem sich niemand unsicher fühlen muss. Und diese Verpflichtung scheint gerade nicht in jedem Fall erfüllt zu werden.

Was hilft?
Eine Art Fazit

So weit die Analyse, die Auswertung der Ist-Situation. Wir haben verlernt, offen miteinander zu diskutieren. Die verschiedenen Lager stehen sich teils unversöhnlich gegenüber, unsere Demokratie ist in Gefahr. Was wir brauchen, ist ein Diskurs mit Vielfalt, in dem sich jeder trauen kann, grundsätzlich alles zu sagen, ohne Sorge, von anderen delegitimiert oder angegriffen zu werden.

Diesen Diskurs zu gestalten ist nicht einfach. Die Politik steht in der Verantwortung, aber auch die Medien und die Universitäten als Räume, wo sich Diskurse eigentlich frei entfalten können sollten, schließlich ist das die Grundlage unserer Demokratie. Aber an diesen beiden Orten hat sich einiges verschoben in den letzten Jahren: An den Universitäten ist das Werteverständnis verrückt, und die Medien sind, wie die Gesellschaft auch, betroffen von einem eklatanten Lagerdenken. Zudem leiden sie an einer schwindenden Akzeptanz in der Gesellschaft.

Die schwierige Frage lautet demnach: Wie kommen wir aus dieser Sackgasse wieder heraus? Schaffen wir es, Menschen, die gerade nicht mehr mit demokratischen Mitteln »reden« und »diskutieren« wollen, wieder zurückzugewinnen? Sie abzuhalten davon, zu nicht-demokratischen Mitteln zu greifen?

Für mich bedeutet Meinungsfreiheit, dass wir alle sehr viel aushalten können müssen. Denn Demokratie wirklich leben bedeutet, auch mit jemandem zu reden, der mir weltanschaulich nicht wirklich nahesteht. Mit jemandem darüber zu streiten, wie hoch die Erbschaftssteuer sein sollte, ist keine wirkliche Herausforderung. Sich aber argumentativ mit einer Person auseinanderzusetzen, die gegen Erbschaftssteuer ist, ist nicht einfach. Vor allem: nicht in delegitimierende Verhaltensmuster zu verfallen.

Für mich ist die Grundregel: Wenn es – argumentativ (!) – wehtut, dann ist es Meinungsfreiheit. Offen reden heißt daher für jeden Einzelnen: Wir müssen wieder lernen, mehr auszuhalten. Ganz gleich, ob es ums Gendern geht, um Flüchtlinge, die EU, die Unterstützung der Ukraine, die Klimakrise, Israel oder den Kapitalismus. Und dann dürfen auch mal die argumentativen Fetzen fliegen. Das ist sogar gut, denn wenn am Ende alles Für und Wider dargelegt ist, können die Diskutanten gut informierte Entscheidungen treffen. Der Austausch darf eben nur nicht kippen in den Versuch, Menschen ideologisch zu kategorisieren und sie damit abzuwerten.

Denn am Ende geht es beim Debattieren ja darum: Wie funktioniert unser Zusammenleben so, dass Entscheidungen mitgestaltet werden können? Und dafür verdient erst einmal jede Stimme, jeder Mensch, gehört und beachtet zu werden.

Wie radikal sollten wir diesen Ansatz sehen? Gilt das auch für einen Pädophilen? Einen Nazi? Einen RAF-Anhänger? Ich sage: Ja. Wer es schafft, mit jemandem zu sprechen, der gegen alles, was mir heilig ist, verstößt oder es ablehnt, der ist wahrer Demokrat.

Spielen wir doch mal so eine Szene durch: Die junge queer-feministische Aktivistin aus Berlin-Friedrichshain, die sich für eine Seebrücke von Geflüchteten nach Europa einsetzt, wird von einem alten weißen Mann mit folgenden Sätzen konfrontiert: »Queer ist nur eine Mode. Du hast noch nie etwas Richtiges gearbeitet und willst einen Bevölkerungsaustausch in Deutschland, damit die Muslime an die Macht kommen.«

Die queer-feministische Aktivistin ärgert sich. Sie hält die Äußerung für falsch und moralisch illegitim. Den Menschen, der so etwas sagt, so etwas denkt, kann sie meinetwegen verachten. Aber in einer Demokratie muss sie die Äußerung aushalten. Oder argumentativ dagegenhalten:

»Queer ist keine Mode, sondern die freie Selbstbestimmung vieler Menschen. Arbeit ist nicht nur industrielle Wertschöpfung, auch das gesellschaftliche Engagement ist als Tätigkeit anzuerkennen. Es entspricht unserem Grundgesetz, dass wir Menschen Asyl gewähren.« Keine Grundlage für den offenen Diskurs ist: Du Nazi, du Kapitalist, du alter weißer Mann. Das ist undemokratisch.

Ein weiteres Beispiel: Ein arbeitsloser Handwerker aus einem kleinen Dorf in Sachsen, der keine Ausländer in seinem Heimatdorf haben will, sich über Heizungsgesetze ärgert und im Fernsehen immer mehr Menschen mit Migrationshintergrund Nachrichtensendungen moderieren sieht, begegnet einer nicht-binären Person mit Migrationshintergrund, die als Journalist*in arbeitet und ihn anmahnt, sein Verhalten zu ändern, um etwas gegen den Klimawandel zu tun.

»Links-grün versiffte Schlampe« ist sicherlich keine Reaktion, die man als offenes Reden klassifizieren könnte. Auch das ist klar undemokratisch. Er könnte aber sein allgemeines Unbehagen ausdrücken: »Ich habe keine Arbeit und Angst, dass ich mein Leben nicht mehr finanzieren kann. Manche Entwicklungen überfordern mich.«

Mir ist klar, dass die beiden Beispiele etwas holzschnittartig skizziert sind. Und dass es sich um eine sehr here Vorstellung davon handelt, wie Dialoge ablaufen sollten. Aber es ist doch auch eine Leitschnur. Und ja, die Medien und eben auch Orte wie Universitäten haben eine Vorbildfunktion. Denn wir prägen (noch) entscheidend mit, in welchem Ton debattiert, welche Diskussionskultur gepflegt wird – von Twitter und Tiktok erwartet kaum jemand dergleichen.

In diesen Online-Räumen ist der Diskurs bereits vollkommen gekippt. Die Sprecherrollen sind uneindeutig: Wer ist Absender? Ein Journalist, ein Aktivist, ein Politiker? Dubiose Absender mit eindeutigen politischen Absichten fabrizieren Nachrichtensendungen. Manch einer wirkt wie ein Journalist, ist aber von ganz klaren Interessen getrieben. Da wird es schwierig bis unmöglich, offen zu reden, weil vieles überhaupt nicht kommuniziert wird. Der Nebel, die Unklarheit ist gerade der Mantel, den sich viele umwerfen, um nicht offen sagen zu müssen, um was es eigentlich geht. Um sich einen Anschein von Wahrhaftigkeit zu geben, der eben nicht der Wirklichkeit standhalten würde.

Ja, mir graust ein wenig davor, sollte eines Tages die gesamte Meinungsbildung, sollten alle unsere Diskussionen nur noch in solchen Räumen irgendwo in den Tiefen des Netzes stattfinden. Aber: Noch ist es nicht so weit! Und wie schnell ein Social-Media-Format seine Wirkmacht verlieren kann, hat nicht zuletzt X gezeigt, das zwar nach wie vor da ist, das aber wohl kaum noch irgendjemand als seriöse Plattform bezeichnen würde. Und auch Facebook ist jenseits einer kleinen Bubble längst nicht mehr das meinungsprägende Medium, das es vor ein paar Jahren noch war. Im Moment hat TikTok diese Rolle eingenommen, aber für wie lange?

Wie kann es gelingen, dass bei kontroversen Themen – sei es Zuwanderung, sei es Geschlechtergerechtigkeit, sei es Mobilität, seien es andere – eine zulässige Bandbreite an Meinungen abgebildet wird? Die Medien und die Universitäten müssen sich ihrer Verantwortung bewusst werden und entsprechend handeln.

Und wenn das nicht klappt? In manchen Bereichen gibt es Quoten, in anderen zumindest die Forderung danach. Nun könnte man analog sagen, für jede Position müsse auch quotiert eine Gegenmeinung zugelassen werden. Pro und Kontra, Für und Wider. Nach Vorbild des niederländischen Rundfunks könnte man jeder Position eine eigene Plattform geben.

Wie sonst auch, muss auch hier gelten: Quoten sind das letzte Mittel, die letzte Ausfahrt, bevor es gar nicht mehr geht. Und an dem Punkt sind wir noch nicht ganz angelangt. Deshalb kommt es jetzt mehr denn je darauf an, die Verantwortung zu leben, sie ernst zu nehmen. Das heißt: Orte und Plattformen des Diskurses müssen diesen auch sicherstellen. Wenn Studenten andere niederbrüllen, ist das keine jugendliche Ekzentrizität, sondern ein Übergriff. Eine Hochschule hat für die Rahmenbedingungen eines offenen Diskurses Sorge zu tragen: Die Studierenden sollten keine Angst haben müssen, ihre Meinung frei zu äußern. Sie sollten sich frei bewegen können, ohne körperlich oder verbal angegriffen zu werden. Und gerade an der Uni sollten die Skills des Diskurses gelehrt werden. Warum nicht ein Grundlagenseminar zur Gewaltfreien Kommunikation für jeden Studiengang?

Und im öffentlichen Diskurs? Da würde ich mir wünschen, dass wir den Satz nicht mehr hören müssen, man wolle X oder Y keine Bühne mehr bieten. Was für eine krude Idee! Dass man eine andere Meinung nicht einfach ignorieren, ausblenden kann, das sollte eigentlich jedem klar sein. Von dieser Diskursvorstellung müssen wir wegkommen!

Denn Denkfehler Nummer eins dabei ist: Erst das Aussprechen im öffentlichen Raum lässt einen (gefährlichen) Gedanken aufkeimen. Das Gegenteil ist der Fall! Ließe sich durch Unterdrückung der Worte der Gedanke eliminieren, dann hätte es den Arabischen Frühling nie gegeben. Dort, wo man dem Streit öffentlich Raum gibt, gelangt man in der Regel zu gemeinsamen, konstruktiven Entscheidungen, zumindest zu einer friedlichen Koexistenz.

Denkfehler Nummer zwei ist: Man legitimiert eine Position allein durch das Sichtbarmachen, durchs Zuhören. Wenn man selber etwas für absurd, falsch, unmoralisch hält, sollte man darauf vertrauen, dass zahlreiche weitere Menschen das ebenso empfinden. Sich aufzuschwingen zum Richter über das, was gesagt werden darf, was zulässig ist, ist und bleibt ein eklatanter Eingriff in die Meinungsfreiheit.

Und Denkfehler Nummer drei? Der liegt dieser gesamten Entwicklung zugrunde: Dass es nämlich so etwas wie einen ganzheitlichen gesellschaftlichen Konsens zu den großen Themen geben müsse. Dass alle Menschen überzeugt sein müssen, dass es nur zwei Geschlechter gibt oder offene Grenzen gut sind und so weiter. Und das ist falsch! Es ist okay, wenn in einem Land Menschen unterschiedlicher Weltanschauungen und Überzeugungen leben. So ist es nun einmal, und das müssen wir akzeptieren! Akzeptieren lernen, dass auch, wenn wir noch so viel miteinander reden, man auseinandergeht und sagt: Das sehe ich anders! Wir haben uns nicht in der Mitte getroffen! Es gab keinen Konsens! Und dennoch können wir Nachbarn sein, und dennoch kann ich als Arzt Menschen unabhängig von politischen Ansichten behandeln, und dennoch grüße ich meinen Kollegen im Büro.

Denn Demokratie und wahre Vielfalt verteidigen wir erst dann so richtig, wenn wir über unseren Schatten springen und den Andersdenkenden einen Platz in unserem Land zugestehen.

Über den Autor

© Bernhard Spöttel

Constantin Schreiber, Jahrgang 1979, moderiert seit Januar 2021 die 20-Uhr-Nachrichten der *tagesschau.* 2016 wurde er mit dem Grimme-Preis ausgezeichnet. Mit seiner 2019 gegründeten Deutschen Toleranzstiftung setzt er sich für interkulturellen Austausch im In- und Ausland ein. Er ist Autor mehrerer Bücher. Zuletzt erschienen bei Hoffmann und Campe sein Roman *Die Kandidatin* (2021) sowie *Glück im Unglück* (2023), die beide zu *Spiegel*-Bestsellern wurden. Er lebt mit seiner Familie in Hamburg.